Guttentag'sche Sammlung
Nr. 9b. Deutscher Reichsgesetze. Nr. 9b.
Text-Ausgaben mit Anmerkungen.

Sammlung kleinerer strafrechtlicher Reichsgesetze.

Ergänzungsband
zu den im J. Guttentag'schen Verlage erschienenen Einzel-Ausgaben Deutscher Reichsgesetze.

Text-Ausgabe mit Anmerkungen und Sachregister

von

M. Werner,
Gerichts-Assessor und ständiger Hülfsarbeiter bei der Staatsanwaltschaft am Landgericht I Berlin.

Berlin.
Verlag von J. Guttentag
(D. Collin)
1890.

Vorbemerkung.

Das stetige Anwachsen der Reichsgesetzgebung machte eine Aenderung in der ursprünglich von F. Litthauer zusammengestellten, von dem Unterzeichneten fortgeführten Ausgabe der „Sammlung kleinerer Reichsgesetze" nöthig. Es empfahl sich die Trennung der civilrechtlichen und der strafrechtlichen Materie. Während die Bearbeitung der ersteren Herr Oberlandesgerichtsrath Vierhaus übernahm, behielt der Unterzeichnete die Herausgabe der „Sammlung kleinerer strafrechtlicher Reichsgesetze" für sich. Praktische Erwägungen führten zu der Herstellung des Buches in der vorliegenden Form.

Es konnte sich nicht darum handeln, alle Reichsgesetze, welche nur irgendeine Strafbestimmung enthalten, in die Ausgabe aufzunehmen. In erster Linie galt es, für den täglichen Gebrauch des in der Praxis stehenden Kriminalisten ein handliches Buch zu schaffen, in welchem er diejenigen Reichsgesetze abgedruckt findet, welche neben dem Strafgesetzbuch in der Strafrechtspflege der ordentlichen Gerichte zu häufiger Anwendung gelangen. Von vornherein schieden danach die der Zoll- und Steuergesetzgebung angehörenden Sondergesetze aus. Weiterhin erübrigte sich die Aufnahme aller Strafgesetze untergeordneter Bedeutung, namentlich solcher, deren Verletzungen sich lediglich als Uebertretungen charakterisiren.

Die dem Text der abgedruckten Gesetze beigegebenen Anmerkungen enthalten die Resultate der Rechtsprechung des Reichsgerichts, wie sie uns in den beiden wesentlichen Veröffentlichungen derselben, den „Entscheidungen des Reichsgerichts in Strafsachen" (Bd. 1–19 und Bd. 20, Heft 1 u. 2) und der mit dem Jahre 1888 abgeschlossenen Sonderausgabe der Reichsanwaltschaft „Rechtsprechung des Deutschen Reichsgerichts in Strafsachen" (Bd. I—X) vorliegt. Auf die Bearbeitung dieser Anmerkungen ist besonderer Werth gelegt worden in der Erwägung, daß dem in der Praxis stehenden Juristen unmöglich jede von dem obersten Gerichtshofe getroffene Entscheidung — namentlich in Bezug auf die Auslegung der hier in Frage kommenden Spezialgesetze — stets gegenwärtig sein kann und daß deshalb erst durch eine vollständige und eingehende Berücksichtigung der reichsgerichtlichen Rechtsprechung der vorliegenden Ausgabe ihre volle praktische Bedeutung verliehen werden konnte. Die Anmerkungen beschränken sich nicht auf die Anführung der in den „Entscheidungen" und der „Rechtsprechung" den einzelnen Erkenntnissen vorgedruckten Ueberschriften, sondern geben die aus den Urtheilsgründen gewonnenen Resultate von grundsätzlicher Bedeutung wieder.

Aber nicht nur an Juristen wendet sich die vorliegende Ausgabe. Auch anderen Berufskreisen, in deren Interessensphären die hier berücksichtigte Reichsgesetzgebung eingreift, dürfte es erwünscht sein, sich über die einschlägige und maßgebende Rechtsprechung schnell und sicher unterrichten zu können. Es genüge der Hinweis auf die Gesetze, betr. das Urheberrecht, auf das Gesetz über die Presse, über Markenschutz, auf das Patentgesetz, das Nahrungsmittelgesetz, deren Inhalt und Auslegung für weite Kreise von wesentlichster Bedeutung sind.

Die angeführten Urtheile sind in der Weise citirt, daß zunächst in Klammern das Datum des Urtheils, sodann der Band der „Entscheidungen" mit arabischer, der Band der „Rechtsprechung" mit römischer Ziffer, und endlich die Seite, auf welcher das Urtheil, bezw. die besondere aus demselben wiedergegebene Stelle sich findet, angegeben ist; so z. B.: (6. 4. 88) 17, 268 (274) X, 281. Durch Plenarentscheidungen beseitigte Entscheidungen sind, wie folgt, in Bezug genommen: [cfr. (24. 6. 82) 7, 8 IV, 618] (Pl. 13. 11. 86) 15, 47 VIII, 704.

Schließlich sei noch darauf hingewiesen, daß den einzelnen Strafbestimmungen im Gesetzestext unmittelbar hinter der Bezeichnung des Paragraphen in einer eckigen Klammer durch die Buchstaben A. [Amtsgericht], L. [Landgericht], L. A. [Landgericht oder Amtsgericht, Ueberweisungssache], S. [Schwurgericht] ein Vermerk über die sachliche Zuständigkeit beigegeben worden ist.

Da das vorliegende Buch nach der Absicht des selbst in der Praxis stehenden Herausgebers einem praktischen Bedürfniß genügen soll, so wird derselbe jedem aus der Praxis an ihn herantretenden Wink für eine Verbesserung etwa erforderlich werdender neuer Auflagen aufrichtig dankbar sein.

Berlin, 21. August 1890.

M. Werner.

Inhaltsverzeichniß.

Gesetz,
betreffend die Nationalität der Kauffahrteischiffe und ihre Befugniß zur Führung der Bundesflagge.

Vom 25. Oktober 1867.

(B.G.Bl. S. 35.)

§ 1. Die zum Erwerb durch die Seefahrt bestimmten Schiffe (Kauffahrteischiffe) der Bundesstaaten haben fortan als Nationalflagge ausschließlich die Bundesflagge zu führen (Artikel 54. und 55. der Bundesverfassung).

§ 2. Zur Führung der Bundesflagge sind die Kauffahrteischiffe nur dann berechtigt, wenn sie in dem ausschließlichen Eigenthum solcher Personen sich befinden welchen das Bundesindigenat (Artikel 3. der Bundesverfassung) zusteht.

[Abs. 2 abgeändert durch Ges. v. 23.12. 88 (R.G.Bl. S. 300.)] Diesen Personen sind gleich zu achten solche juristische Personen, eingetragene Genossenschaften und Aktiengesellschaften, welche im Reichsgebiet ihren Sitz haben, sowie diejenigen Kommanditgesellschaften auf Aktien, welche im Reichsgebiet ihren Sitz haben, und deren persönlich haftende Gesellschafter sich sämmtlich im Besitz der Reichsangehörigkeit befinden.

§ 3. Für die zur Führung der Bundesflagge befugten Kauffahrteischiffe sind in den an der See belegenen Bundesstaaten Schiffsregister zu führen. — —

§ 4. (Oeffentlichkeit des Schiffsregisters).

§ 5. Ein Schiff kann nur in das Schiffsregister desjenigen Hafens eingetragen werden, von welchem aus die Seefahrt mit ihm betrieben werden soll (Heimathshafen, Registerhafen).

§ 6. Die Eintragung des Schiffes in das Schiffsregister muß enthalten:

1) den Namen und die Gattung des Schiffes (ob Barke, Brigg u. s. w.);
2) seine Größe und die nach der Größe berechnete Tragfähigkeit;
3) die Zeit und den Ort seiner Erbauung, oder, wenn es die Flagge eines nicht zum Norddeutschen Bunde gehörenden Landes geführt hat, den Thatumstand, wodurch es das Recht, die Bundesflagge zu führen, erlangt hat, und außerdem, wenn thunlich, die Zeit und den Ort der Erbauung;
4) den Heimathshafen;
5) [abgeändert durch Ges. v. 23. 12. 88] den Namen und die nähere Bezeichnung des Rheders, oder, wenn eine Rhederei besteht, den Namen und die

---

Zu § 6, Ziff. 5. Welche „nähere Bezeichnung" des Rheders oder Mitrheders außer dem Namen zur Feststellung seiner Persönlichkeit erforderlich erscheint, läßt sich abstrakt nicht bestimmen, hängt vielmehr von der konkreten Sachlage, deren Prüfung dem pflichtgemäßen Ermessen der Registerbehörde anheimfällt, ab (27. 6. 82) 7, 65 IV, 623.

nähere Bezeichnung aller Mitrheder und die Größe der Schiffspart eines Jeden. Ist eine juristische Person Rheder oder Mitrheder, so ist der Ort, an welchem dieselbe ihren Sitz hat, einzutragen. Ist eine eingetragene Genossenschaft oder eine Handelsgesellschaft Rheder oder Mitrheder, so ist außer dem Orte, an welchem die Genossenschaft oder Gesellschaft ihren Sitz hat, auch die Firma und, wenn die Gesellschaft nicht eine Aktiengesellschaft ist, der Name und die nähere Bezeichnung aller die Handelsgesellschaft bildenden Gesellschafter einzutragen; bei der Kommanditgesellschaft auf Aktien genügt statt der Eintragung aller Gesellschafter die Eintragung aller persönlich haftenden Gesellschafter;

6) den Rechtsgrund, auf welchem die Erwerbung des Eigenthums des Schiffes oder der einzelnen Schiffsparten beruht;

7) die Nationalität des Rheders oder der Mitrheder;

8) den Tag der Eintragung des Schiffes.

Ein jedes Schiff wird in das Schiffsregister unter einer besonderen Ordnungsnummer eingetragen.

§ 7. Die Eintragung des Schiffes in das Schiffsregister darf erst geschehen, nachdem das Recht desselben, die Bundesflagge zu führen, und alle in dem §. 6. bezeichneten Thatsachen glaubhaft nachgewiesen sind.

§ 8. Ueber die Eintragung des Schiffes in das Schiffsregister wird von der Registerbehörde eine mit dem

Inhalt der Eintragung übereinstimmende Urkunde (Certifikat) ausgefertigt.

Das Certifikat muß außerdem bezeugen, daß die nach §. 7. erforderlichen Nachweisungen geführt sind, sowie, daß das Schiff zur Führung der Bundesflagge befugt sei.

§ 9. Durch das Certifikat wird das Recht des Schiffes, die Bundesflagge zu führen, nachgewiesen.

Zum Nachweis dieses Rechts ist insbesondere ein Seepaß nicht erforderlich.

§ 10. Das Recht, die Bundesflagge zu führen, darf weder vor der Eintragung des Schiffes in das Schiffsregister, noch vor der Ausfertigung des Certifikats ausgeübt werden.

§ 11. Treten in den Thatsachen, welche in dem §. 6. bezeichnet sind, nach der Eintragung Veränderungen ein, so müssen dieselben in das Schiffsregister eingetragen und auf dem Certifikate vermerkt werden.

Im Fall das Schiff untergeht oder das Recht, die Bundesflagge zu führen, verliert, ist das Schiff in dem Schiffsregister zu löschen und das ertheilte Certifikat zurückzuliefern, sofern nicht glaubhaft bescheinigt wird, daß es nicht zurückgeliefert werden könne.

§ 12. Die Thatsachen, welche gemäß §. 11. eine Eintragung oder die Löschung im Schiffsregister erforderlich machen, sind von dem Rheder binnen sechs Wochen nach Ablauf des Tages, an welchem er von ihnen Kennt-

---

Zu § 11. z. B. im Wohnorte des Rheders, falls derselbe bei der ersten Eintragung behufs „näherer Bezeichnung des Rheders" vermerkt war (27. 6. 82) 7, 65 IV, 623.

niß erlangt hat, der Registerbehörde zum Zweck der Verfolgung der Vorschriften des §. 11. anzuzeigen und glaubhaft nachzuweisen, betreffenden Falls unter Zurücklieferung des Certifikats.

Die Verpflichtung zu der Anzeige und Nachweisung liegt ob:

1) wenn eine Rhederei besteht, allen Mitrhedern;
2) [abgeändert durch Ges. v. 23. 12. 88] wenn eine juristische Person, eine eingetragene Genossenschaft, eine Aktiengesellschaft Rheder oder Mitrheder ist, für dieselbe allen Mitgliedern des Vorstandes;
3) wenn eine andere Handelsgesellschaft Rheder oder Mitrheder ist, für dieselbe allen persönlich haftenden Gesellschaftern;
4) wenn die Veränderung in einem Eigenthumswechsel besteht, wodurch das Recht des Schiffes, die Bundesflagge zu führen, nicht berührt wird, dem neuen Erwerber des Schiffes oder der Schiffspart.

§ **13.** [L.] Wenn ein Schiff, welches gemäß der Bestimmung des §. 2. zur Führung der Bundesflagge nicht berechtigt ist, unter der Bundesflagge fährt, so hat der Führer des Schiffes Geldbuße bis zu fünfhundert Thalern oder Gefängnißstrafe bis zu sechs Monaten verwirkt; auch kann auf Konfiskation des Schiffes erkannt werden.

§ **14.** [L.] Wenn ein Schiff, welches gemäß §. 10. sich der Führung der Bundesflagge enthalten muß, weil die Eintragung in das Schiffsregister oder die Ausfertigung des Schiffscertifikats noch nicht erfolgt ist, unter der

Bundesflagge fährt, so hat der Führer des Schiffes Geldbuße bis zu Einhundert Thalern oder verhältnißmäßige Gefängnißstrafe verwirkt, sofern er nicht nachweist, daß der unbefugte Gebrauch der Bundesflagge ohne sein Verschulden geschehen sei.

§ 15. [L.] Die im §. 14. angedrohte Strafe hat auch derjenige verwirkt, welcher eine nach den Bestimmungen des §. 12. ihm obliegende Verpflichtung binnen der sechswöchentlichen Frist nicht erfüllt, sofern er nicht beweist, daß er ohne sein Verschulden außer Stande gewesen sei, dieselbe zu erfüllen. Die Strafe tritt nicht ein, wenn vor Ablauf der Frist die Verpflichtung von einem Mitverpflichteten erfüllt ist. Die Strafe wird gegen denjenigen verdoppelt, welcher die Verpflichtung auch binnen sechs Wochen nach Ablauf des Tages, an welchem das ihn verurtheilende Erkenntniß rechtskräftig geworden ist, zu erfüllen versäumt.

§ 16. Wenn ein außerhalb des Bundesgebietes befindliches fremdes Schiff durch den Uebergang in das Eigenthum einer Person, welcher das Bundesindigenat zusteht, das Recht, die Bundesflagge zu führen, erlangt, so können die Eintragung in das Schiffsregister und das Certifikat durch ein von dem Bundeskonsul, in dessen Bezirk das Schiff zur Zeit des Eigenthumsüberganges sich befindet, über den Erwerb des Rechts, die Bundesflagge zu führen, ertheiltes Attest, jedoch nur für die Dauer eines Jahres seit dem Tage der Ausstellung des Attestes und über dieses Jahr hinaus nur für die Dauer einer durch höhere Gewalt verlängerten Reise, ersetzt werden. — —

§ 17. [abgeändert durch Ges. v. 28. 6. 73 (R.G.Bl. S. 184.)] Schiffe von nicht mehr als 50 Kubikmeter Brutto-Raumgehalt sind zur Ausübung des Rechts, die Reichsflagge zu führen, auch ohne Eintragung in das Schiffsregister und Ertheilung des Certifikats befugt.

§§ 18—20. — — —

Gewerbeordnung für das Deutsche Reich.

Vom 21. Juni 1869.

(B.G.Bl. S. 245.)

Neue Redaktion vom 1. Juli 1883.

(R.G.Bl. S. 177.)

(Von der Gewerbeordnung sind im Nachstehenden nur die Titel VII und X und die Schlussbestimmungen mit Rücksicht auf ihre strafrechtliche Bedeutung abgedruckt. Die wenigen Entscheidungen des Reichsgerichts, welche in Strafsachen zu den nicht abgedruckten Bestimmungen der Gewerbeordnung ergangen sind, finden sich unten angeführt. — Am Schluss der einzelnen Bestimmungen des Titels VII ist auf die bezüglichen Strafandrohungen des Titels X in [ ] verwiesen.)

Zu § 16. (Erforderniß besonderer Genehmigung zur Errichtung bestimmter Anlagen.)

Die Genehmigung zur Errichtung von Stauanlagen für Wasserbetriebwerke wird nicht erst mit dem Vorhandensein der letzteren erforderlich (19. 11. 79) 1, 102.

Zu § 34. (Pfandleiher.)

Das Pfandleihgewerbe besteht ausschließlich in dem Verleihen von Geld auf Pfänder; der Verkauf von Waaren und Kreditirung

Titel VII.

Gewerbliche Arbeiter (Gesellen, Gehülfen, Lehrlinge, Fabrikarbeiter).

I. Allgemeine Verhältnisse.

§ 105. Die Festsetzung der Verhältnisse zwischen den selbständigen Gewerbetreibenden und den gewerblichen Arbeitern ist, vorbehaltlich der durch Reichsgesetz

---

des Kaufpreises unter Pfandbestellung für den letzteren gehört nicht hierher (28. 4. 85) 12, 216 VII, 257.

Zu § 46. (Für den Todesfall eines Gewerbetreibenden.)

Einer neuen Konzession bedarf es weder für die Wittwe noch für deren Stellvertreter (20. 5. 80) 1, 434 I, 800.

Zu § 55. (Gewerbebetrieb im Umherziehen.)

(Zu Ziff. 2:) Dauernder Gewerbebetrieb nicht erforderlich; es genügt, daß der Hausirer eine Mehrheit oder eine Menge von Waaren von mehreren Personen ankauft, um dieselben wieder zu verkaufen. Selbst bei einem Einzelfalle läßt sich aus der Menge der aufgekauften Waaren und der Zahl der Verkäufer der Begriff des Gewerbebetriebes gewinnen (25. 2. 80) I, 390.

Zu Titel VII. Gewerblicher Arbeiter ist derjenige, welcher in einem vertragsmäßigen Dienstverhältnisse zu einem selbständigen Gewerbetreibenden steht, infolge dieses Vertragsverhältnisses dem Arbeitgeber seine Arbeitskraft (nicht etwa blos eine oder einzelne spezielle Arbeitsverrichtungen) zu Gebote stellt und Dienstleistungen verrichtet, welche in Arbeiten des Gewerbebetriebes bestehen, insbesondere sich nicht etwa auf die Hauswirthschaft des Gewerbetreibenden beziehen (10. 12. 83) 9, 265.

Zu § 105. Die Stellung des selbständigen Gewerbetreibenden setzt voraus, daß der Unternehmer das Gewerbe

begründeten Beschränkungen, Gegenstand freier Uebereinkunft.

Zum Arbeiten an Sonn- und Festtagen können die Gewerbetreibenden die Arbeiter nicht verpflichten. Arbeiten, welche nach der Natur des Gewerbebetriebes einen Aufschub oder eine Unterbrechung nicht gestatten, fallen unter die vorstehende Bestimmung nicht.

Welche Tage als Festtage gelten, bestimmen die Landesregierungen.

§ **106.** Gewerbetreibende, welchen die bürgerlichen Ehrenrechte aberkannt sind, dürfen, so lange ihnen diese Rechte entzogen bleiben, mit der Anleitung von Arbeitern unter achtzehn Jahren sich nicht befassen. [vgl. § 150, 1]

Die Entlassung der dem vorstehenden Verbote zuwider beschäftigten Arbeiter kann polizeilich erzwungen werden.

§ **107.** Personen unter einundzwanzig Jahren dürfen, soweit reichsgesetzlich nicht ein Anderes zugelassen ist, als Arbeiter nur beschäftigt werden, wenn sie mit einem Arbeitsbuche versehen sind. Bei der Annahme solcher Arbeiter hat der Arbeitgeber das Arbeitsbuch einzufordern. Er ist verpflichtet, dasselbe zu verwahren, auf amtliches Verlangen vorzulegen und nach rechtmäßiger Lösung des Arbeitsverhältnisses dem Arbeiter wieder auszuhändigen. [vgl. § 150, 1 resp. 2]

---

für eigene Rechnung und unter eigener Verantwortlichkeit betreibt (14. 6. 88) 18, 28.

Ein Werkmeister wird dadurch, daß ihm die Annahme, Entlassung und Auslöhnung der Arbeiter überlassen ist, nicht zum Gewerbetreibenden (14. 6. 88) 18, 27.

Auf Kinder, welche zum Besuche der Volksschule verpflichtet sind, finden vorstehende Bestimmungen keine Anwendung.

§ **108.** Das Arbeitsbuch wird dem Arbeiter durch die Polizeibehörde desjenigen Ortes, an welchem er zuletzt seinen dauernden Aufenthalt gehabt hat, wenn aber ein solcher im Gebiete des Deutschen Reichs nicht stattgefunden hat, von der Polizeibehörde des von ihm zuerst erwählten deutschen Arbeitsortes kosten- und stempelfrei ausgestellt. Die Ausstellung erfolgt auf Antrag oder mit Zustimmung des Vaters oder Vormundes; ist die Erklärung des Vaters nicht zu beschaffen, oder verweigert der Vater die Zustimmung ohne genügenden Grund und zum Nachtheile des Arbeiters, so kann die Gemeindebehörde die Zustimmung desselben ergänzen. Vor der Ausstellung ist nachzuweisen, daß der Arbeiter zum Besuche der Volksschule nicht mehr verpflichtet ist, und glaubhaft zu machen, daß bisher ein Arbeitsbuch für ihn noch nicht ausgestellt war.

§ **109.** Wenn das Arbeitsbuch vollständig ausgefüllt oder nicht mehr brauchbar, oder wenn es verloren gegangen oder vernichtet ist, so wird an Stelle desselben ein neues Arbeitsbuch ausgestellt. Die Ausstellung erfolgt durch die Polizeibehörde desjenigen Ortes, an welchem der Inhaber des Arbeitsbuches zuletzt seinen dauernden Aufenthalt gehabt hat. Das ausgefüllte oder nicht mehr brauchbare Arbeitsbuch ist durch einen amtlichen Vermerk zu schließen.

Wird das neue Arbeitsbuch an Stelle eines nicht

mehr brauchbaren, eines verloren gegangenen oder vernichteten Arbeitsbuches ausgestellt, so ist dies darin zu vermerken. Für die Ausstellung kann in diesem Falle eine Gebühr bis zu fünfzig Pfennig erhoben werden.

§ **110.** Das Arbeitsbuch (§. 108.) muß den Namen des Arbeiters, Ort, Jahr und Tag seiner Geburt, sowie seine Unterschrift enthalten. Die Ausstellung erfolgt unter dem Siegel und der Unterschrift der Behörde. Letztere hat über die von ihr ausgestellten Arbeitsbücher ein Verzeichniß zu führen.

Die Einrichtung der Arbeitsbücher wird durch den Reichskanzler bestimmt.

§ **111.** Bei dem Eintritte des Arbeiters in das Arbeitsverhältniß hat der Arbeitgeber an der dafür bestimmten Stelle des Arbeitsbuches die Zeit des Eintrittes und die Art der Beschäftigung, am Ende des Arbeitsverhältnisses die Zeit des Austrittes und, wenn die Beschäftigung Aenderungen erfahren hat, die Art der letzten Beschäftigung des Arbeiters einzutragen. [vgl. § 150, 2]

Die Eintragungen sind mit Tinte zu bewirken und von dem Arbeitgeber zu unterzeichnen. Sie dürfen nicht mit einem Merkmale versehen sein, welches den Inhaber des Arbeitsbuches günstig oder nachtheilig zu kennzeichnen bezweckt. [vgl. § 146, 3]

Die Eintragung eines Urtheils über die Führung oder die Leistungen des Arbeiters und sonstige durch dieses Gesetz nicht vorgesehene Eintragungen oder Vermerke in oder an dem Arbeitsbuche sind unzulässig. [vgl. § 150, 2]

§ **112.** Ist das Arbeitsbuch bei dem Arbeitgeber

unbrauchbar geworden, verloren gegangen oder vernichtet, oder sind von dem Arbeitgeber unzulässige Eintragungen oder Vermerke in oder an dem Arbeitsbuche gemacht, oder wird von dem Arbeitgeber ohne rechtmäßigen Grund die Aushändigung des Arbeitsbuches verweigert, so kann die Ausstellung eines neuen Arbeitsbuches auf Kosten des Arbeitgebers beansprucht werden.

Ein Arbeitgeber, welcher das Arbeitsbuch seiner gesetzlichen Verpflichtung zuwider nicht rechtzeitig ausgehändigt oder die vorschriftsmäßigen Eintragungen zu machen unterlassen oder unzulässige Eintragungen oder Vermerke gemacht hat, ist dem Arbeiter entschädigungspflichtig. Der Anspruch auf Entschädigung erlischt, wenn er nicht innerhalb vier Wochen nach seiner Entstehung im Wege der Klage oder Einrede geltend gemacht ist. [vgl. § 150, 2]

§ **113.** Beim Abgange können die Arbeiter ein Zeugniß über die Art und Dauer ihrer Beschäftigung fordern.

Dieses Zeugniß ist auf Verlangen der Arbeiter auch auf ihre Führung auszudehnen.

§ **114.** Auf Antrag des Arbeiters hat die Ortspolizeibehörde die Eintragung in das Arbeitsbuch und das dem Arbeiter etwa ausgestellte Zeugniß kosten- und stempelfrei zu beglaubigen.

§ **115.** Die Gewerbetreibenden sind verpflichtet, die

Zu § 115, Abs. 1. Das Gesetz verbietet im Interesse der Arbeiter, um dieselben gegen eine von den Arbeitgebern in gewinnsüchtiger Absicht unternommene Ausbeutung und Uebervortheilung zu schützen, die Ablöhnung durch Zahlungssurrogate (Trucksystem).

Löhne ihrer Arbeiter baar in Reichswährung auszuzahlen.

Daß im konkreten Falle eine Uebervortheilung stattgefunden, wird nicht erfordert und es ist deshalb ohne Bedeutung, ob die gewährten Zahlungssurrogate dem Betrage des geschuldeten Lohnes entsprechen oder denselben selbst übersteigen. — Nicht nur die Leistungen an Zahlungsstatt sind verboten, sondern auch die Leistungen zahlungshalber, bei denen der Anspruch des Arbeiters, soweit ihm durch die Verwerthung dieser Leistung Befriedigung nicht verschafft wird, bestehen bleibt (27. 3. 88) 17, 285 X, 272.

Die Einwilligung der Arbeiter zu einem der Vorschrift des Abs. 1 widersprechenden Verfahren hebt die Strafbarkeit des Arbeitgebers nicht auf (9. 1. 82) 5, 426; (27. 6. 84) VI, 484.

Es ist gleichgültig, ob die Arbeiter nur zu gelegentlichem Nebenverdienst für einen Gewerbetreibenden Arbeiten verrichten (18. 12. 85) 13, 182 VII, 746; doch muß auch ein solcher Nebenverdienst auf einem dauernden Arbeitsverhältniß beruhen (13. 2. 88) 17, 129.

Nicht jeder Abzug ist unstatthaft, namentlich nicht der von baar ausgezahlten Lohnvorschüssen (13. 12. 83) V, 779. Ebensowenig ist unmittelbare Zahlung an die Person des Arbeiters erforderlich (12. 11. 82) 7, 197.

Verwendung des Lohnes zum Ankauf von Waaren aus dem Geschäft des Arbeitgebers unmittelbar nach baarer Auszahlung macht diesen nur dann strafbar, wenn ein dahin gehendes Abkommen zur Umgehung des Gesetzes vorliegt (18. 12. 85) 13, 182 VII, 746.

Auszahlung der Arbeitslöhne in Marken, auf welche bei dritten Personen Waaren entnommen werden können, ist unzulässig (19. 4. 80) 1, 385 I, 618; (22. 9. 82) 7, 37 IV, 706. Ebenso die Verrechnung von vorschußweise ausgegebenen Blechmarken für Lebensmittel und Waarenbezüge (23. 11. 82) 7, 247 IV, 834.

Zuwiderhandlungen an verschiedenen Lohntagen rechtfertigen die Annahme von Realkonkurrenz, wenn dieselben auf selbständigen Entschlüssen des Arbeitgebers beruhen (13. 1. 85) 12, 102 VII, 32.

Sie dürfen denselben keine Waaren kreditiren. Die Verabfolgung von Lebensmitteln an die Arbeiter fällt, sofern sie zu einem die Anschaffungskosten nicht übersteigenden Preise erfolgt, unter die vorstehende Bestimmung nicht; auch können den Arbeitern Wohnung, Feuerung, Landnutzung, regelmäßige Beköstigung, Arzneien und ärztliche Hülfe, sowie Werkzeuge und Stoffe zu den ihnen übertragenen Arbeiten unter Anrechnung bei der Lohnzahlung verabfolgt werden. [vgl. § 146,1]

§ **116.** Arbeiter, deren Forderungen in einer dem §. 115 zuwiderlaufenden Weise berichtigt worden sind, können zu jeder Zeit Zahlung nach Maßgabe des §. 115 verlangen, ohne daß ihnen eine Einrede aus dem an Zahlungsstatt Gegebenen entgegengesetzt werden kann. Letzteres fällt, soweit es noch bei dem Empfänger vorhanden oder dieser daraus bereichert ist, derjenigen Hülfskasse zu, welcher der Arbeiter angehört, in Er-

---

Zu § 115, Abs. 2. Zum Begriff „Waaren kreditiren": (11. 2. 87) 15, 284.

Lebensmittel: nur Nahrungsmittel [Waaren, welche zum Lebensunterhalte des Menschen an Speise und Trank dienen], nicht Haushaltsartikel (26. 4. 87) 15, 437 IX, 280; und auch die ersteren nicht, wenn sie im Uebermaß verabfolgt werden [z. B. Branntwein] (10. 1. 90) 20, 217. — Nur der Gewerbetreibende selbst ist zur ausnahmsweise gestatteten Lieferung von Lebensmitteln ꝛc. befugt (27. 6. 84) VI, 484.

Unter die Anschaffungskosten fallen auch die Transportkosten, nicht aber die dem Arbeitgeber im Hinblick auf dessen Mühewaltung bei der Verabfolgung, auf die Aufbewahrung und Bereithaltung der Lebensmittel, auf die Abnutzung der Geschirr- und Betriebseinrichtungen entstehenden Kosten resp. Verlustentschädigungen (19. 11. 88) 18, 224 X, 672.

mangelung einer solchen einer anderen zum Besten der Arbeiter an dem Orte bestehenden, von der Gemeindebehörde zu bestimmenden Kasse und in deren Ermangelung der Ortsarmenkasse.

§ **117.** Verträge, welche dem §. 115 zuwiderlaufen, sind nichtig.

Dasselbe gilt von Verabredungen zwischen den Gewerbetreibenden und den von ihnen beschäftigten Arbeitern über die Entnahme der Bedürfnisse der letzteren aus gewissen Verkaufsstellen, sowie überhaupt über die Verwendung des Verdienstes derselben zu einem anderen Zweck als zur Betheiligung an Einrichtungen zur Verbesserung der Lage der Arbeiter oder ihrer Familien.

§ **118.** Forderungen für Waaren, welche dem §. 115 zuwider kreditirt worden sind, können von dem Gläubiger weder eingeklagt, noch durch Anrechnung oder sonst geltend gemacht werden, ohne Unterschied, ob sie zwischen den Betheiligten unmittelbar entstanden oder mittelbar erworben sind. Dagegen fallen dergleichen Forderungen der im §. 116 bezeichneten Kasse zu.

§ **119.** Den Gewerbetreibenden im Sinne der §§. 115 bis 118 sind gleich zu achten deren Familienglieder, Gehülfen, Beauftragte, Geschäftsführer, Aufseher und Faktoren, sowie andere Gewerbetreibende, bei deren Geschäft eine der hier erwähnten Personen unmittelbar oder mittelbar betheiligt ist.

Zu § 119, Abs. 1. Dem Gewerbetreibenden sind nicht gleich zu achten die Familienglieder 2c. der in diesem Absatze aufgeführten Personen (30. 3. 82) 6, 126 IV, 296.

Unter den in §§. 115 bis 118 bezeichneten Arbeitern werden auch diejenigen Personen verstanden, welche für bestimmte Gewerbetreibende außerhalb der Arbeitsstätten der letzteren mit der Anfertigung gewerblicher Erzeugnisse beschäftigt sind.

§ **120.** Die Gewerbeunternehmer sind verpflichtet, bei der Beschäftigung von Arbeitern unter achtzehn Jahren die durch das Alter derselben gebotene besondere Rücksicht auf Gesundheit und Sittlichkeit zu nehmen.

Sie haben ihren Arbeitern unter achtzehn Jahren, welche eine von der Gemeindebehörde oder vom Staate als Fortbildungsschule anerkannte Unterrichtsanstalt besuchen, hierzu die, erforderlichenfalls von der zuständigen Behörde festzusetzende Zeit zu gewähren. Für Arbeiter unter achtzehn Jahren kann die Verpflichtung zum Besuche einer Fortbildungsschule, soweit die Verpflichtung nicht landesgesetzlich besteht, durch Ortsstatut (§. 142) begründet werden.

Zu § 119, Abs. 2. Hierzu gehören auch ohne ausdrücklich vereinbarten Dienstvertrag alle sog. Haus- oder Heimarbeiter, welche nach Sachlage nur an bestimmte Gewerbetreibende als Arbeitsherren ihre Arbeiten absetzen können (12. 10. 85) 12, 428 VII, 569. Ein solches Abhängigkeitsverhältniß kann ebensowohl mehreren als einem einzelnen Arbeitgeber gegenüber bestehen, dasselbe wird jedoch nicht schon von Fall zu Fall durch jede einzelne Arbeitsbestellung begründet (17. 11. 87) 16, 333 IX, 615; (13. 2. 88) 17, 129.

Auch selbständige Gewerbeunternehmer, die selbst Gehülfen beschäftigen, einem anderen Unternehmer jedoch allein oder doch fast allein Fabrikate oder Halbfabrikate liefern, müssen ausschließlich in Geld ihren Lohn erhalten, wenn sie in wirthschaftlicher Abhängigkeit von ihrem Besteller stehen (21. 1. 86) 13, 285 VIII, 66.

Die Gewerbeunternehmer sind endlich verpflichtet, alle diejenigen Einrichtungen herzustellen und zu unterhalten, welche mit Rücksicht auf die besondere Beschaffenheit des Gewerbebetriebes und der Betriebsstätte zu thunlichster Sicherheit gegen Gefahr für Leben und Gesundheit nothwendig sind. Darüber, welche Einrichtungen für alle Anlagen einer bestimmten Art herzustellen sind, können durch Beschluß des Bundesraths Vorschriften erlassen werden. Soweit solche nicht erlassen sind, bleibt es den nach den Landesgesetzen zuständigen Behörden überlassen, die erforderlichen Bestimmungen zu treffen. [vgl. § 147, 4]

§ **120a.** Streitigkeiten der selbständigen Gewerbetreibenden mit ihren Arbeitern, die auf den Antritt, die Fortsetzung oder Aufhebung des Arbeitsverhältnisses, auf die gegenseitigen Leistungen aus demselben, auf die Ertheilung oder den Inhalt der Arbeitsbücher oder Zeugnisse sich beziehen, sind, soweit für diese Angelegenheiten besondere Behörden bestehen, bei diesen zur Entscheidung zu bringen.

Insoweit solche besondere Behörden nicht bestehen, erfolgt die Entscheidung durch die Gemeindebehörde. Gegen diese Entscheidung steht die Berufung auf den Rechtsweg binnen zehn Tagen offen; die vorläufige

---

Zu § 120, Abs. 3. Gegen den Vorwurf der Fahrlässigkeit schützt den Unternehmer der Einwand nicht, daß die ihm ertheilte Konzessionsurkunde die Herstellung einer zur Sicherheit der Arbeiter erforderlichen Schutzvorrichtung nicht vorgesehen habe (3. 7. 88) 18, 73.

Vollstreckung wird durch die Berufung nicht aufgehalten.

Durch Ortsstatut (§. 142) können an Stelle der gegenwärtig hierfür bestimmten Behörden Schiedsgerichte mit der Entscheidung betraut werden. Dieselben sind durch die Gemeindebehörde unter gleichmäßiger Zuziehung von Arbeitgebern und Arbeitern zu bilden.

II. Verhältnisse der Gesellen und Gehülfen.

§ **121.** Gesellen und Gehülfen sind verpflichtet, den Anordnungen der Arbeitgeber in Beziehung auf die ihnen übertragenen Arbeiten und auf die häuslichen Einrichtungen Folge zu leisten; zu häuslichen Arbeiten sind sie nicht verbunden.

§ **122.** Das Arbeitsverhältniß zwischen den Gesellen oder Gehülfen und ihren Arbeitgebern kann, wenn nicht ein Anderes verabredet ist, durch eine jedem Theile freistehende, vierzehn Tage vorher erklärte Aufkündigung gelöst werden.

§ **123.** Vor Ablauf der vertragsmäßigen Zeit und ohne Aufkündigung können Gesellen und Gehülfen entlassen werden:

1. wenn sie bei Abschluß des Arbeitsvertrages den Arbeitgeber durch Vorzeigung falscher oder verfälschter Arbeitsbücher oder Zeugnisse hintergangen oder ihn über das Bestehen eines anderen, sie gleichzeitig verpflichtenden Arbeitsverhältnisses in einen Irrthum versetzt haben;
2. wenn sie eines Diebstahls, einer Entwendung,

einer Unterschlagung, eines Betruges oder eines liederlichen Lebenswandels sich schuldig machen;

3. wenn sie die Arbeit unbefugt verlassen haben oder sonst den nach dem Arbeitsvertrage ihnen obliegenden Verpflichtungen nachzukommen beharrlich verweigern;
4. wenn sie der Verwarnung ungeachtet mit Feuer und Licht unvorsichtig umgehen;
5. wenn sie sich Thätlichkeiten oder grobe Beleidigungen gegen den Arbeitgeber oder seine Vertreter oder gegen die Familienangehörigen des Arbeitgebers oder seiner Vertreter zu Schulden kommen lassen;
6. wenn sie einer vorsätzlichen und rechtswidrigen Sachbeschädigung zum Nachtheile des Arbeitgebers oder eines Mitarbeiters sich schuldig machen;
7. wenn sie Familienangehörige des Arbeitgebers oder seiner Vertreter oder Mitarbeiter zu Handlungen verleiten oder mit Familienangehörigen des Arbeitgebers oder seiner Vertreter Handlungen begehen, welche wider die Gesetze oder die guten Sitten verstoßen;
8. wenn sie zur Fortsetzung der Arbeit unfähig oder mit einer abschreckenden Krankheit behaftet sind.

In den unter Nr. 1 bis 7 gedachten Fällen ist die Entlassung nicht mehr zulässig, wenn die zu Grunde liegenden Thatsachen dem Arbeitgeber länger als eine Woche bekannt sind.

Inwiefern in den unter Nr. 8 gedachten Fällen dem Entlassenen ein Anspruch auf Entschädigung zustehe, ist nach dem Inhalt des Vertrages und nach den allgemeinen gesetzlichen Vorschriften zu beurtheilen.

§ **124.** Vor Ablauf der vertragsmäßigen Zeit und ohne Aufkündigung können Gesellen und Gehülfen die Arbeit verlassen:

1. wenn sie zur Fortsetzung der Arbeit unfähig werden;
2. wenn der Arbeitgeber oder seine Vertreter sich Thätlichkeiten oder grobe Beleidigungen gegen die Arbeiter oder gegen ihre Familienangehörigen zu Schulden kommen lassen;
3. wenn der Arbeitgeber oder seine Vertreter oder Familienangehörige derselben die Arbeiter oder deren Familienangehörige zu Handlungen verleiten oder mit den Familienangehörigen der Arbeiter Handlungen begehen, welche wider die Gesetze oder die guten Sitten laufen;
4. wenn der Arbeitgeber den Arbeitern den schuldigen Lohn nicht in der bedungenen Weise auszahlt, bei Stücklohn nicht für ihre ausreichende Beschäftigung sorgt, oder wenn er sich widerrechtlicher Uebervortheilungen gegen sie schuldig macht;
5. wenn bei Fortsetzung der Arbeit das Leben oder die Gesundheit der Arbeiter einer erweislichen Gefahr ausgesetzt sein würde, welche bei Eingehung des Arbeitsvertrages nicht zu erkennen war.

In den unter Nr. 2 und 3 gedachten Fällen ist der Austritt aus der Arbeit nicht mehr zulässig, wenn die zu Grunde liegenden Thatsachen dem Arbeiter länger als eine Woche bekannt sind.

§ 125. Ein Arbeitgeber, welcher einen Gesellen oder Gehülfen verleitet, vor rechtmäßiger Beendigung des Arbeitsverhältnisses die Arbeit zu verlassen, ist dem früheren Arbeitgeber für den dadurch entstehenden Schaden als Selbstschuldner mitverhaftet. In gleicher Weise haftet ein Arbeitgeber, welcher einen Gesellen oder Gehülfen annimmt oder behält, von dem er weiß, daß derselbe einem anderen Arbeitgeber zur Arbeit noch verpflichtet ist.

III. Lehrlingsverhältnisse.

§ 126. Der Lehrherr ist verpflichtet, den Lehrling in den bei seinem Betriebe vorkommenden Arbeiten des Gewerbes in der durch den Zweck der Ausbildung gebotenen Reihenfolge und Ausdehnung zu unterweisen. Er muß entweder selbst oder durch einen geeigneten, ausdrücklich dazu bestimmten Vertreter die Ausbildung des Lehrlings leiten. Er darf dem Lehrling die zu seiner Ausbildung und zum Besuche des Gottesdienstes an Sonn- und Festtagen erforderliche Zeit und Gelegenheit durch Verwendung zu anderen Dienstleistungen nicht entziehen. Er hat den Lehrling zur Arbeitsamkeit und zu guten Sitten anzuhalten und vor Ausschweifungen zu bewahren. [vgl. § 148, 9.]

§ 127. Der Lehrling ist der väterlichen Zucht des

Lehrherrn unterworfen. Demjenigen gegenüber, welcher an Stelle des Lehrherrn seine Ausbildung zu leiten hat, ist er zur Folgsamkeit verpflichtet.

§ **128.** Das Lehrverhältniß kann, wenn eine längere Frist nicht vereinbart ist, während der ersten vier Wochen nach Beginn der Lehrzeit durch einseitigen Rücktritt aufgelöst werden. Eine Vereinbarung, wonach diese Probezeit mehr als drei Monate betragen soll, ist nichtig.

Nach Ablauf der Probezeit kann der Lehrling vor Beendigung der verabredeten Lehrzeit entlassen werden, wenn einer der im §. 123 vorgesehenen Fälle auf ihn Anwendung findet.

Von Seiten des Lehrlings kann das Lehrverhältniß nach Ablauf der Probezeit aufgelöst werden:

1. wenn einer der im §. 124 unter Nr. 1, 3 bis 5 vorgesehenen Fälle vorliegt;
2. wenn der Lehrherr seine gesetzlichen Verpflichtungen gegen den Lehrling in einer die Gesundheit, die Sittlichkeit oder die Ausbildung des Lehrlings gefährdenden Weise vernachlässigt, oder das Recht der väterlichen Zucht mißbraucht, oder zur Erfüllung der ihm vertragsmäßig obliegenden Verpflichtungen unfähig wird.

Der Lehrvertrag wird durch den Tod des Lehrlings aufgehoben. Durch den Tod des Lehrherrn gilt der Lehrvertrag als aufgehoben, sofern die Aufhebung innerhalb vier Wochen geltend gemacht wird.

§ **129.** Bei Beendigung des Lehrverhältnisses hat

der Lehrherr dem Lehrling unter Angabe des Gewerbes, in welchem der Lehrling unterwiesen worden ist, über die Dauer der Lehrzeit und die während derselben erworbenen Kenntnisse und Fertigkeiten, sowie über sein Betragen ein Zeugniß auszustellen, welches von der Gemeindebehörde kosten- und stempelfrei zu beglaubigen ist. [vgl. § 148, 9]

An Stelle dieser Zeugnisse können, wo Innungen oder andere Vertretungen der Gewerbetreibenden bestehen, die von diesen ausgestellten Lehrbriefe treten.

§ 130. Verläßt der Lehrling in einem durch dies Gesetz nicht vorgesehenen Falle ohne Zustimmung des Lehrherrn die Lehre, so kann letzterer den Anspruch auf Rückkehr des Lehrlings nur geltend machen, wenn der Lehrvertrag schriftlich geschlossen ist. Die Polizeibehörde kann in diesem Falle auf Antrag des Lehrherrn den Lehrling anhalten, so lange in der Lehre zu verbleiben, als durch gerichtliches Urtheil das Lehrverhältniß nicht für aufgelöst erklärt ist. Der Antrag ist nur zulässig, wenn er binnen einer Woche nach dem Austritte des Lehrlings gestellt ist. Im Falle der Weigerung kann die Polizeibehörde den Lehrling zwangsweise zurückführen lassen, oder durch Androhung von Geldstrafe bis zu fünfzig Mark oder Haft bis zu fünf Tagen zur Rückkehr ihn anhalten.

§ 131. Wird von dem Vater oder Vormund für den Lehrling, oder, sofern der letztere großjährig ist, von ihm selbst dem Lehrherrn die schriftliche Erklärung abgegeben, daß der Lehrling zu einem anderen Gewerbe oder anderen Berufe übergehen werde, so gilt das Lehrverhältniß, wenn der Lehrling nicht früher entlassen wird, nach Ablauf von vier Wochen als aufgelöst. Den Grund der Auflösung hat der Lehrherr in dem Arbeitsbuche zu vermerken.

Binnen neun Monaten nach der Auflösung darf der Lehrling in demselben Gewerbe von einem anderen Arbeitgeber ohne Zustimmung des früheren Lehrherrn nicht beschäftigt werden. [vgl. § 148, 10]

§ **132.** Erreicht das Lehrverhältniß vor Ablauf der verabredeten Lehrzeit sein Ende, so kann von dem Lehrherrn oder von dem Lehrling ein Anspruch auf Entschädigung nur geltend gemacht werden, wenn der Lehrvertrag schriftlich geschlossen ist. In den Fällen des §. 128 Absatz 1 und 4 kann der Anspruch nur geltend gemacht werden, wenn dieses in dem Lehrvertrage unter Festsetzung der Art und Höhe der Entschädigung vereinbart ist.

Der Anspruch auf Entschädigung erlischt, wenn er nicht innerhalb vier Wochen nach Auflösung des Lehrverhältnisses im Wege der Klage oder Einrede geltend gemacht ist.

§ **133.** Ist von dem Lehrherrn das Lehrverhältniß aufgelöst worden, weil der Lehrling die Lehre unbefugt verlassen hat, so ist die von dem Lehrherrn beanspruchte Entschädigung, wenn in dem Lehrvertrage ein Anderes nicht ausbedungen ist, auf einen Betrag festzusetzen, welcher für jeden auf den Tag des Vertragsbruches folgenden Tag der Lehrzeit, höchstens aber für sechs

Monate, bis auf die Hälfte des in dem Gewerbe des Lehrherrn den Gesellen oder Gehülfen ortsüblich gezahlten Lohnes sich belaufen darf.

Für die Zahlung der Entschädigung sind als Selbstschuldner mitverhaftet der Vater des Lehrlings sowie derjenige Arbeitgeber, welcher den Lehrling zum Verlassen der Lehre verleitet oder welcher ihn in Arbeit genommen hat, obwohl er wußte, daß der Lehrling zur Fortsetzung des Lehrverhältnisses noch verpflichtet war. Hat der Entschädigungsberechtigte erst nach Auflösung des Lehrverhältnisses von der Person des Arbeitgebers, welcher den Lehrling verleitet oder in Arbeit genommen hat, Kenntniß erhalten, so erlischt gegen diese der Entschädigungsanspruch erst, wenn derselbe nicht innerhalb vier Wochen nach erhaltener Kenntniß geltend gemacht ist.

IV. Verhältnisse der Fabrikarbeiter.

§ 134. Auf Fabrikarbeiter finden die Bestimmungen der §§. 121 bis 125 oder, wenn die Fabrikarbeiter als

---

Zu IV. Diese Bestimmungen beziehen sich ausschließlich auf den Gewerbebetrieb in Fabriken und finden im Handwerksbetriebe keine Anwendung (3. 1. 84) VI, 16.

Die unter IV für jugendliche Fabrikarbeiter erlassenen Schutzbestimmungen finden auch auf die in einer Fabrik beschäftigten jugendlichen Lehrlinge Anwendung (19. 10. 82) 7, 105 IV, 746.

Zu § 134. Fabrikarbeiter: eine Unterart des Gesammtbegriffes der gewerblichen Arbeiter (Titel VII § 105); jeder, der in dem die Fabrik bildenden Etablissement Arbeiten verrichtet, welche in den Rahmen der zur Herstellung der Erzeugnisse der betreffenden Fabrik erforderlichen Arbeiten fallen. Es ist keines-

Lehrlinge anzusehen sind, die Bestimmungen der §§. 126 bis 133 Anwendung.

§ 135. Kinder unter zwölf Jahren dürfen in Fabriken nicht beschäftigt werden.

---

wegs nothwendig, daß die Arbeit in den inneren Räumen der Fabrik vorgenommen wird (10. 12. 83) 9, 264. — Zu den „Fabrikarbeitern" zählen auch Personen, welche in Fabriken ohne Lohn zu ihrer künstlerischen Ausbildung beschäftigt werden, sobald ihre Arbeiten für die Fabrikzwecke verwendet werden (2. 11. 85) VII, 635.

Für den Begriff „Fabrik" ist die Beschaffenheit des Betriebes maßgebend (15. 2. 83) 8, 124 V, 119. Dabei ist nicht nur der Umfang des Gewerbes, sondern sind auch die anderen konkreten Umstände, z. B. Arbeitsvertheilung, Benutzung von Naturkräften ꝛc. zu berücksichtigen (20. 6. 84) 10, 433 VI, 447. — Eine Buchdruckerei kann Fabrik sein (15. 2. 83) 8, 124 V, 119; ebenso ein Damenkonfektionsgeschäft (18. 10. 86) 14, 423 VIII, 625. — Daß während eines bestimmten Zeitraums eine geringe Zahl von Arbeitern beschäftigt war, reicht für die negative Feststellung nicht aus (10. 11. 85) VII, 655.

Zu § 135 ff. Der Fabrikherr bleibt verantwortlich, auch wenn die jugendlichen Personen von den Fabrikarbeitern selbständig in Dienst genommen, beschäftigt und abgelohnt werden (21. 10. 82) IV, 753; (27. 9. 83) 9, 102 V, 547.

Lediglich die Thatsache einer Uebertretung begründet noch nicht die Strafbarkeit des Fabrikanten, es muß ein schuldbares Verhalten (Vorsatz oder Fahrlässigkeit) hinzukommen (30. 9. 87) 16, 267 IX, 486.

Der Erlaß von Anordnungen im Sinne dieser Gesetzesvorschriften schützt den Fabrikherrn, welcher es unterläßt, die Befolgung seiner Anordnungen zu überwachen, nicht gegen Bestrafung (27. 3. 84) VI, 236; ebensowenig die — selbst unter Androhung von Strafen — einem Bediensteten, z. B. dem Werkmeister, ertheilte Anweisung, den gesetzlichen Vorschriften nachzukommen (18. 6. 81) 4, 307 III, 411.

Die Beschäftigung von Kindern unter vierzehn Jahren darf die Dauer von sechs Stunden täglich nicht überschreiten.

Kinder, welche zum Besuche der Volksschule verpflichtet sind, dürfen in Fabriken nur dann beschäftigt werden, wenn sie in der Volksschule oder in einer von der Schulaufsichtsbehörde genehmigten Schule und nach einem von ihr genehmigten Lehrplane einen regelmäßigen Unterricht von mindestens drei Stunden täglich genießen.

Junge Leute zwischen vierzehn und sechszehn Jahren dürfen in Fabriken nicht länger als zehn Stunden täglich beschäftigt werden.

Wöchnerinnen dürfen während drei Wochen nach ihrer Niederkunft nicht beschäftigt werden. [vgl. § 146, 2]

§ **136.** Die Arbeitsstunden der jugendlichen Arbeiter (§. 135) dürfen nicht vor 5½ Uhr Morgens beginnen

---

Die verbotswidrige Beschäftigung kann ohne Rücksicht auf die Dauer derselben als einheitliches Vergehen angesehen werden, bei dem die Zahl der Tage nur für die Strafausmessung in Betracht kommt (16. 3. 82) 6, 114 IV, 253. Ebensowenig bedingt die verbotswidrige Beschäftigung mehrerer Arbeiter für jeden derselben die Annahme einer besonderen Strafthat (23. 3. 86) 14, 32 VIII, 214.

Zu § 135, Abs. 2 u. 4. Auch diejenige Arbeit, welche die jugendlichen Arbeiter außerhalb der Fabrik zu leisten haben, ist auf die gesetzlich zulässige Zeitdauer einzurechnen (20. 6. 84) 10, 433 VI, 447; (10. 11. 87) 16, 305.

Zu § 136. Kindern müssen täglich zwei Pausen von je einer halben Stunde gewährt werden (30. 9. 87) 16, 267 IX, 486.

und nicht über $8^1/_2$ Uhr Abends dauern. Zwischen den Arbeitsstunden müssen an jedem Arbeitstage regelmäßige Pausen gewährt werden. Die Pausen müssen für Kinder eine halbe Stunde, für junge Leute zwischen vierzehn und sechszehn Jahren Mittags eine Stunde, sowie Vormittags und Nachmittags je eine halbe Stunde mindestens betragen.

Während der Pausen darf den jugendlichen Arbeitern eine Beschäftigung in dem Fabrikbetriebe überhaupt nicht und der Aufenthalt in den Arbeitsräumen nur dann gestattet werden, wenn in denselben diejenigen Theile des Betriebes, in welchen jugendliche Arbeiter beschäftigt sind, für die Zeit der Pausen völlig eingestellt werden.

An Sonn- und Festtagen, sowie während der von dem ordentlichen Seelsorger für den Katechumenen- und Konfirmanden-, Beicht- und Kommunion-Unterricht bestimmten Stunden dürfen jugendliche Arbeiter nicht beschäftigt werden. [vgl. § 146,2]

§ **137.** Die Beschäftigung eines Kindes in Fabriken ist nicht gestattet, wenn dem Arbeitgeber nicht zuvor für dasselbe eine Arbeitskarte eingehändigt ist. Dasselbe gilt hinsichtlich der noch zum Besuche der Volksschule verpflichteten jungen Leute zwischen vierzehn und sechszehn Jahren. Eines Arbeitsbuches bedarf es in diesem Falle nicht.

Die Arbeitskarten werden auf Antrag oder mit Zustimmung des Vaters oder Vormundes durch die Ortspolizeibehörde kosten- und stempelfrei ausgestellt; ist die Erklärung des Vaters nicht zu beschaffen, so kann die

Gemeindebehörde die Zustimmung desselben ergänzen. Sie haben den Namen, Tag und Jahr der Geburt, sowie die Religion des Kindes, den Namen, Stand und letzten Wohnort des Vaters oder Vormundes und außerdem die zur Erfüllung der gesetzlichen Schulpflicht (§. 135) getroffenen Einrichtungen anzugeben.

Der Arbeitgeber hat die Arbeitskarte zu verwahren, auf amtliches Verlangen jederzeit vorzulegen und am Ende des Arbeitsverhältnisses dem Vater oder Vormund wieder auszuhändigen. Ist die Wohnung des Vaters nicht zu ermitteln, so erfolgt die Zustellung der Arbeitskarte an die Mutter oder den sonstigen nächsten Angehörigen des Kindes. [vgl. § 150,2]

§ **138.** Sollen jugendliche Arbeiter in Fabriken beschäftigt werden, so hat der Arbeitgeber vor dem Beginn der Beschäftigung der Ortspolizeibehörde eine schriftliche Anzeige zu machen.

In der Anzeige sind die Fabrik, die Wochentage, an welchen die Beschäftigung stattfinden soll, Beginn und Ende der Arbeitszeit und der Pausen, sowie die Art der Beschäftigung anzugeben. Eine Aenderung hierin darf, abgesehen von Verschiebungen, welche durch Ersetzung behinderter Arbeiter für einzelne Arbeitsschichten nothwendig werden, nicht erfolgen, bevor eine entsprechende weitere Anzeige der Behörde gemacht ist.

In jeder Fabrik hat der Arbeitgeber dafür zu sorgen, daß in den Fabrikräumen, in welchen jugendliche Ar-

---

Zu § 138. Die Verjährung beginnt erst mit dem Wegfall der Anzeigepflicht (21. 12. 83) 9, 353 V, 801.

beiter beschäftigt werden, an einer in die Augen fallenden Stelle ein Verzeichniß der jugendlichen Arbeiter unter Angabe ihrer Arbeitstage, sowie des Beginns und Endes ihrer Arbeitszeit und der Pausen ausgehängt ist. Ebenso hat er dafür zu sorgen, daß in den bezeichneten Räumen eine Tafel ausgehängt ist, welche in der von der Zentralbehörde zu bestimmenden Fassung und in deutlicher Schrift einen Auszug aus den Bestimmungen über die Beschäftigung jugendlicher Arbeiter enthält. [vgl. § 149,7]

§ 139. Wenn Naturereignisse oder Unglücksfälle den regelmäßigen Betrieb einer Fabrik unterbrochen haben, so können Ausnahmen von den im §. 135 Absatz 2 bis 4 und im §. 136 vorgesehenen Beschränkungen auf die Dauer von vier Wochen durch die höhere Verwaltungsbehörde, auf längere Zeit durch den Reichskanzler nachgelassen werden. In dringenden Fällen solcher Art, sowie zur Verhütung von Unglücksfällen kann die Ortspolizeibehörde, jedoch höchstens auf die Dauer von vierzehn Tagen, solche Ausnahmen gestatten.

Wenn die Natur des Betriebes oder Rücksichten auf die Arbeiter in einzelnen Fabriken es erwünscht erscheinen lassen, daß die Arbeitszeit der jugendlichen Arbeiter in einer anderen als der durch §. 136 vorgesehenen Weise geregelt wird, so kann auf besonderen Antrag eine anderweitige Regelung hinsichtlich der Pausen durch die höhere Verwaltungsbehörde, im übrigen durch den Reichskanzler gestattet werden. Jedoch dürfen in solchen Fällen die jugendlichen Arbeiter nicht länger als sechs Stunden beschäftigt werden, wenn zwischen den Arbeitsstunden nicht Pausen von zusammen mindestens einstündiger Dauer gewährt werden.

Die auf Grund vorstehender Bestimmungen zu treffenden Verfügungen müssen schriftlich erlassen werden. [vgl. § 146, 2]

§ **139 a.** Durch Beschluß des Bundesraths kann die Verwendung von jugendlichen Arbeitern sowie von Arbeiterinnen für gewisse Fabrikationszweige, welche mit besonderen Gefahren für Gesundheit oder Sittlichkeit verbunden sind, gänzlich untersagt oder von besonderen Bedingungen abhängig gemacht werden. Insbesondere kann für gewisse Fabrikationszweige die Nachtarbeit der Arbeiterinnen untersagt werden.

Durch Beschluß des Bundesraths können für Spinnereien, für Fabriken, welche mit ununterbrochenem Feuer betrieben werden, oder welche sonst durch die Art des Betriebes auf eine regelmäßige Tag- und Nachtarbeit angewiesen sind, sowie für solche Fabriken, deren Betrieb eine Eintheilung in regelmäßige Arbeitsschichten von gleicher Dauer nicht gestattet oder seiner Natur nach auf bestimmte Jahreszeiten beschränkt ist, Ausnahmen von den im §. 135 Absatz 2 bis 4 und im §. 136 vorgesehenen Beschränkungen nachgelassen werden. Jedoch darf in solchen Fällen die Arbeitszeit für Kinder die Dauer von sechsunddreißig Stunden und für junge Leute die Dauer von sechzig, in Spinnereien von sechsundsechzig Stunden wöchentlich nicht überschreiten.

Die durch Beschluß des Bundesraths getroffenen

Bestimmungen sind dem nächstfolgenden Reichstag vorzulegen. Sie sind außer Kraft zu setzen, wenn der Reichstag dies verlangt. [vgl. § 146,2]

§ 139b. Die Aufsicht über die Ausführung der Bestimmungen der §§. 135 bis 139a, sowie des §. 120 Absatz 3 in seiner Anwendung auf Fabriken ist ausschließlich oder neben den ordentlichen Polizeibehörden besonderen von den Landesregierungen zu ernennenden Beamten zu übertragen. Denselben stehen bei Ausübung dieser Aufsicht alle amtlichen Befugnisse der Ortspolizeibehörden, insbesondere das Recht zur jederzeitigen Revision der Fabriken zu. Sie sind, vorbehaltlich der Anzeige von Gesetzwidrigkeiten, zur Geheimhaltung der amtlich zu ihrer Kenntniß gelangenden Geschäfts- und Betriebsverhältnisse der ihrer Revision unterliegenden Fabriken zu verpflichten.

Die Ordnung der Zuständigkeitsverhältnisse zwischen diesen Beamten und den ordentlichen Polizeibehörden bleibt der verfassungsmäßigen Regelung in den einzelnen Bundesstaaten vorbehalten.

Die erwähnten Beamten haben Jahresberichte über ihre amtliche Thätigkeit zu erstatten. Diese Jahresberichte oder Auszüge aus denselben sind dem Bundesrath und dem Reichstag vorzulegen.

Auf Antrag der Landesregierungen kann für solche Bezirke, in welchen Fabrikbetriebe gar nicht oder nur in geringem Umfange vorhanden sind, durch Beschluß des Bundesraths von der Anstellung besonderer Beamten abgesehen werden.

Die auf Grund der Bestimmungen der §§. 135 bis 139a, sowie des §. 120 Absatz 3 in seiner Anwendung auf Fabriken auszuführenden amtlichen Revisionen müssen die Arbeitgeber zu jeder Zeit, namentlich auch in der Nacht, während die Fabriken im Betriebe sind, gestatten.

[vgl. § 149,7]

— — —

Titel X.

Strafbestimmungen.

§ **143.** Die Berechtigung zum Gewerbebetriebe kann, abgesehen von den in den Reichsgesetzen vorgesehenen Fällen ihrer Entziehung, weder durch richterliche, noch administrative Entscheidung entzogen werden.

Ausnahmen von diesem Grundsatze, welche durch die Steuergesetze begründet sind, bleiben so lange aufrecht erhalten, als diese Steuergesetze in Kraft bleiben.

Die Bestimmungen der Landesgesetze, nach welchen die Befugniß zur Herausgabe von Druckschriften und zum Vertriebe derselben innerhalb des Reichsgebiets im Verwaltungswege entzogen werden darf, werden hierdurch aufgehoben.

§ **144** Inwiefern, abgesehen von den Vorschriften über die Entziehung des Gewerbebetriebes (§. 143), Zuwiderhandlungen der Gewerbetreibenden gegen ihre Berufspflichten außer den in diesem Gesetz erwähnten Fällen einer Strafe unterliegen, ist nach den darüber bestehenden Gesetzen zu beurtheilen.

Jedoch werden aufgehoben die für Medizinalpersonen bestehenden besonderen Bestimmungen, welche ihnen unter Androhung von Strafen einen Zwang zu ärztlicher Hülfe auferlegen.

§ **145.** Für das Mindestmaß der Strafen, das Verhältniß von Geldstrafe zur Freiheitsstrafe, sowie für die Verjährung der in den §§. 146 und 153 verzeichneten Vergehen sind die Bestimmungen des Strafgesetzbuchs für das Deutsche Reich maßgebend.

Die übrigen in diesem Titel mit Strafe bedrohten Handlungen verjähren binnen drei Monaten, von dem Tage an gerechnet, an welchem sie begangen sind.

§ **146.** [L.] Mit Geldstrafe bis zu zweitausend Mark und im Unvermögensfalle mit Gefängniß bis zu sechs Monaten werden bestraft:

1. Gewerbetreibende, welche bei der Zahlung des Lohnes oder bei dem Verkauf von Waaren an die Arbeiter dem §. 115 zuwiderhandeln;
2. Gewerbetreibende, welche den §§. 135, 136 oder den auf Grund der §§. 139, 139a getroffenen Verfügungen zuwider Arbeiterinnen oder jugendlichen Arbeitern Beschäftigung geben;
3. Gewerbetreibende, welche der Bestimmung im §. 111 entgegen die Eintragungen mit einem Merkmale

Zu §§ 146—150. Sofortiges Erkennen auf Freiheitsstrafe unter Feststellung der Unvermögenheit ist rechtsirrig (16. 6. 84) VI, 436.

Zu § 146. Nur Gefängniß-, nicht auch Haftstrafe darf substituirt werden (3. 1. 88) 17, 38 X, 9.

Sowohl vorsätzliche, als auch fahrlässige Zuwiderhandlung ist strafbar (12. 10. 80) 2, 321 II, 326 (18. 6. 81), 4, 307 III, 411; (9. 1. 82).

versehen, welches den Inhaber des Arbeitsbuches günstig oder nachtheilig zu kennzeichnen bezweckt;

4. wer §. 56 Ziffer 6 zuwiderhandelt. [§ 56 Ziff. 6 verbietet den Ankauf oder das Feilbieten von explosiven Stoffen im Umherziehen.]

Die Geldstrafen fließen der im §. 116 bezeichneten Kasse zu.

§ **147.** [A.] Mit Geldstrafe bis zu dreihundert Mark und im Unvermögensfalle mit Haft wird bestraft:

1. wer den selbständigen Betrieb eines stehenden Gewerbes, zu dessen Beginn eine besondere polizeiliche Genehmigung (Konzession, Approbation, Bestallung) erforderlich ist, ohne die vorschriftsmäßige Genehmigung unternimmt oder fortsetzt, oder von den in der Genehmigung festgesetzten Bedingungen abweicht;

Bei gemeinschaftlichem Gewerbebetriebe Mehrerer haftet Jeder derselben für die Einhaltung der gesetzlichen Vorschriften; die unter den Gesellschaftern vereinbarte Vertheilung der Geschäfte befreit nicht von der Verantwortlichkeit (16. 3. 82) 6, 114 IV, 263.

Die Kasse, welcher die Geldstrafen zufließen, ist in der Urtheilsformel nicht zu bezeichnen (14. 6. 87) 16, 142 IX, 373.

Zu § 147, Ziff. 1. Unter diese Strafbestimmung fallen Frauenspersonen, welche das Hebeammengewerbe ohne Prüfungszeugniß (§ 30) treiben (14. 1. 87) 15, 181 IX, 43. Ebenso fällt darunter der auf einem Jahrmarkte ohne Genehmigung der Ortspolizei (§ 67, Abs. 2) betriebene Verkauf von geistigen Getränken zum Genuß auf der Stelle (19. 11. 79) 1, 102.

Dagegen treibt ein Konsumverein, welcher an seine Mitglieder Branntwein in kleinen Quantitäten abgiebt, keinen Handel und bedarf deshalb nicht der Konzession (4. 10. 81) 5, 112 III, 585.

2. wer eine gewerbliche Anlage, zu der mit Rücksicht auf die Lage oder Beschaffenheit der Betriebsstätte oder des Lokals eine besondere Genehmigung erforderlich ist (§§. 16 und 24), ohne diese Genehmigung errichtet, oder die wesentlichen Bedingungen, unter welchen die Genehmigung ertheilt worden, nicht innehält, oder ohne neue Genehmigung eine wesentliche Veränderung der Betriebsstätte oder eine Verlegung des Lokals oder eine wesentliche Veränderung in dem Betriebe der Anlagen vornimmt;
3. wer, ohne hierzu approbirt zu sein, sich als Arzt (Wundarzt, Augenarzt, Geburtshelfer, Zahnarzt, Thierarzt) bezeichnet oder sich einen ähnlichen Titel beilegt, durch den der Glauben erweckt wird, der Inhaber desselben sei eine geprüfte Medizinalperson;
4. wer der Aufforderung der Behörde ungeachtet den Bestimmungen des §. 120 zuwiderhandelt.

Die Uebertragung des Betriebes an einen Anderen auf dessen Rechnung und Verantwortlichkeit schließt den Begriff der Stellvertretung aus [selbständiger Gewerbebetrieb] (4. 3. 81) 3, 418.

Zu § 147, Ziff. 3. Die Frage, ob ein gebrauchter Titel der Bezeichnung als Arzt ähnelt, ist nicht rein thatsächlicher Natur sondern unterliegt der rechtlichen Nachprüfung (24. 12. 79) 1, 126 I, 177. Zu arztähnlichen Titeln rechnet das Reichsgericht: „Zahntechniker Dr." (10. 12. 79) 1, 117 „Homöopath" (7. 1. 87) 15, 170 IX, 9; nicht aber „examinirter Heildiener" (24. 12. 79) 1, 126 I, 177.

Ob dagegen ein Titel geeignet ist, den in Ziffer 3 bezeichneten Glauben zu erwecken und ob die Erweckung dieses

Enthält die Handlung zugleich eine Zuwiderhandlung gegen die Steuergesetze, so soll nicht außerdem noch auf eine Steuerstrafe erkannt werden, es ist aber darauf bei Zumessung der Strafe Rücksicht zu nehmen.

In dem Falle zu 2 kann die Polizeibehörde die Wegschaffung der Anlage oder die Herstellung des den Bedingungen entsprechenden Zustandes derselben anordnen.

§ 148. [A.] Mit Geldstrafe bis zu einhundertfünfzig Mark und im Unvermögensfalle mit Haft bis zu vier Wochen wird bestraft:

1. wer außer den im §. 147 vorgesehenen Fällen ein stehendes Gewerbe beginnt, ohne dasselbe vorschriftsmäßig anzuzeigen;
2. wer die im §. 14 erforderte An- oder Abmeldung einer übernommenen Feuerversicherungsagentur unterläßt;
3. wer die im §. 14 erforderten Anzeigen über das Betriebslokal unterläßt;
4. wer der nach §. 35 gegen ihn ergangenen Untersagung eines Gewerbebetriebes zuwiderhandelt, oder die im §. 35 vorgeschriebene Anzeige unterläßt;

Glaubens beabsichtigt gewesen, diese Frage bewegt sich lediglich auf thatsächlichem Gebiete (1. 11. 79) I, 29; (10. 12. 79) I, 117. — So ist die Beilegung des Titels „Dr. med. (im Auslande approbirt)" strafbar, wenn der Richter den Beisatz „im Auslande" für unerheblich und den Titel dessenungeachtet zur Täuschung des Publikums geeignet findet (6. 11. 80) II, 460.

5. wer dem §. 33b oder außer den im §. 149 Ziffer 1 vorgesehenen Fällen den §§. 42a bis 44a zuwiderhandelt, oder seine Legitimationskarte (§. 44a) oder seinen Wandergewerbeschein (§. 55) einem Anderen zur Benutzung überläßt;
6. wer zum Zweck der Erlangung einer Legitimationskarte, eines Wandergewerbescheins oder der im §. 62 vorgesehenen Erlaubniß in Bezug auf seine Person, oder die Personen, die er mit sich zu führen beabsichtigt, wissentlich unrichtige Angaben macht;
7. wer ein Gewerbe im Umherziehen ohne den gesetzlich erforderlichen Wandergewerbeschein, imgleichen wer eines der im §. 59 Ziffer 1 bis 3 bezeichneten Gewerbe der nach §. 59a ergangenen Untersagung zuwider betreibt;
7a. wer dem §. 56 Absatz 1, Absatz 2 Ziffer 1 bis 5, 7 bis 9, Absatz 3, §. 56a oder §. 56b zuwiderhandelt;
7b. wer den Vorschriften der §§. 56c, 60a, 60b Absatz 2 oder 60c Absatz 2 und 3 zuwiderhandelt;
7c. wer einer ihm in Gemäßheit des §. 60 Absatz 1, §. 60b Absatz 1 oder des §. 60d Absatz 3 in dem Wandergewerbescheine auferlegten Beschränkung zuwiderhandelt;
7d. wer bei dem Gewerbebetriebe im Umherziehen Kinder unter vierzehn Jahren zu gewerblichen Zwecken mit sich führt;
7e. ein Ausländer, welcher bei dem Gewerbebetriebe im Umherziehen den in Gemäßheit des §. 56d

vom Bundesrath getroffenen Bestimmungen zuwiderhandelt;

8. wer bei dem Betriebe seines Gewerbes die von der Obrigkeit vorgeschriebenen oder genehmigten Taxen überschreitet;
9. wer die gesetzlichen Pflichten gegen die ihm anvertrauten Lehrlinge verletzt;
10. wer wissentlich der Bestimmung im §. 131 Absatz 2 zuwider einen Lehrling beschäftigt, oder wer einer auf Grund des §. 100e Nr. 2 getroffenen Bestimmung zuwiderhandelt.

In allen diesen Fällen bleibt die Strafe ausgeschlossen, wenn die strafbare Handlung zugleich eine Zuwiderhandlung gegen die Steuergesetze enthält.

§ 149. [A.] Mit Geldstrafe bis zu dreißig Mark und im Unvermögensfalle mit Haft bis zu acht Tagen wird bestraft:

1. wer den im §. 42b vorgesehenen Erlaubnißschein oder den im §. 43 vorgesehenen Legitimationsschein während der Ausübung des Gewerbebetriebes nicht bei sich führt, oder den Bestimmungen des §. 44a Absatz 2 zuwiderhandelt;
2. wer bei dem Gewerbebetriebe im Umherziehen dem letzten Absatz des §. 56 oder dem §. 60c Absatz 1 zuwiderhandelt;
3. wer ein Gewerbe im Umherziehen, für welches ihm ein auf einen bestimmten Bezirk lautender Wandergewerbeschein ertheilt ist, unbefugt in einem anderen Bezirke betreibt;

4. wer ein Gewerbe im Umherziehen mit anderen Waarengattungen oder unter Darbietung anderer Leistungen betreibt, als sein Wandergewerbeschein angiebt;
5. wer bei dem Gewerbebetriebe im Umherziehen unbefugt Personen mit sich führt, oder einen Gewerbetreibenden, zu welchem er nicht in dem Verhältnisse eines Ehegatten, Kindes oder Enkels steht, unbefugt begleitet;
6. wer den polizeilichen Anordnungen wegen des Marktverkehrs zuwiderhandelt;
7. wer es unterläßt, den durch §§. 138 und 139b für ihn begründeten Verpflichtungen nachzukommen;
8. wer, ohne einer Innung als Mitglied anzugehören, sich als Innungsmeister bezeichnet.

Die Unterlassung einer durch das Gesetz oder durch Statuten vorgeschriebenen Anzeige über Innungsverhältnisse an die Behörden, sowie Unrichtigkeiten in einer solchen Anzeige werden gegen die Mitglieder des Vorstandes der Innung oder des Innungsverbandes mit der gleichen Strafe geahndet.

In allen diesen Fällen bleibt die Strafe ausgeschlossen, wenn die strafbare Handlung zugleich eine Zuwiderhandlung gegen die Steuergesetze enthält.

§ **150.** [A.] Mit Geldstrafe bis zu zwanzig Mark und im Unvermögensfalle mit Haft bis zu drei Tagen für jeden Fall der Verletzung des Gesetzes wird bestraft:

1. wer den Bestimmungen der §§. 106 bis 112 zu-

wider einen Arbeiter in Beschäftigung nimmt oder behält;

2. wer außer dem im §. 146 Ziffer 3 vorgesehenen Falle den Bestimmungen dieses Gesetzes in Ansehung der Arbeitsbücher und Arbeitskarten zuwiderhandelt;

3. wer vorsätzlich ein auf seinen Namen ausgestelltes Arbeitsbuch unbrauchbar macht oder vernichtet.

§ 151. Sind polizeiliche Vorschriften von dem Stellvertreter eines Gewerbetreibenden bei Ausübung des Gewerbes übertreten worden, so trifft die Strafe den Stellvertreter, ist die Uebertretung mit Vorwissen des verfügungsfähigen Vertretenen begangen worden, so verfallen beide der gesetzlichen Strafe.

Ist an eine solche Uebertretung der Verlust der Konzession, Approbation oder Bestallung geknüpft, so findet derselbe auch als Folge der von dem Stellvertreter begangenen Uebertretung statt, wenn diese mit Vorwissen des verfügungsfähigen Vertretenen begangen worden. Ist dies nicht der Fall, so ist der Vertretene bei Verlust der Konzession, Approbation u. s. w. verpflichtet, den Stellvertreter zu entlassen.

Zu § 151. Stellvertreter ist nur derjenige, welcher an Stelle des mit dem Gewerbebetriebe selbst sich nicht befassenden Geschäftsherrn das Gewerbe in seiner Gesammtheit ausübt. Ein bloßer Werkführer ist kein Stellvertreter (12. 10. 80) 2, 321 II, 326. — Für die Uebertretung der polizeilichen Vorschriften bleibt der Gewerbetreibende, welcher die Erfüllung derselben nicht dem Stellvertreter, sondern einem Bediensteten, z. B. dem

§ **152.** Alle Verbote und Strafbestimmungen gegen Gewerbetreibende, gewerbliche Gehülfen, Gesellen oder Fabrikarbeiter wegen Verabredungen und Vereinigungen zum Behufe der Erlangung günstiger Lohn- und Arbeitsbedingungen, insbesondere mittelst Einstellung der Arbeit oder Entlassung der Arbeiter, werden aufgehoben.

Jedem Theilnehmer steht der Rücktritt von solchen Vereinigungen und Verabredungen frei, und es findet aus letzteren weder Klage noch Einrede statt.

§ **153.** [A.] Wer Andere durch Anwendung körperlichen Zwanges, durch Drohungen, durch Ehrverletzung oder durch Verrufserklärung bestimmt oder zu bestimmen versucht, an solchen Verabredungen (§. 152) Theil zu nehmen, oder ihnen Folge zu leisten, oder Andere durch gleiche Mittel hindert oder zu hindern versucht, von solchen Verabredungen zurückzutreten, wird mit Gefängniß bis zu drei Monaten bestraft, sofern nach dem allgemeinen Strafgesetz nicht eine härtere Strafe eintritt.

Schlußbestimmungen.

§ **154.** Die Bestimmungen der §§. 105 bis 133

Werkführer übertragen hat, verantwortlich (12. 10. 80) 2, 321 II, 326; (12. 12. 81) 11, 304 VI, 803.

Zu § 152. Theilnahme an einer Lohnverabredung kann in einem der Verabredung entsprechenden Handeln gefunden werden (19. 10. 86) 14, 387 VIII, 632.

Zu § 153. Widerrechtlichkeit des angedrohten Uebels ist nicht erforderlich (19. 10. 86) 14, 387 VIII, 632.

finden auf Gehülfen und Lehrlinge in Apotheken und Handelsgeschäften keine Anwendung.

Die Bestimmungen der §§. 134 bis 139b finden auf Arbeitgeber und Arbeiter in Werkstätten, in deren Betrieb eine regelmäßige Benutzung von Dampfkraft stattfindet, sowie in Hüttenwerken, in Bauhöfen und Werften entsprechende Anwendung.

In gleicher Weise finden Anwendung die Bestimmungen der §§. 115 bis 119, 135 bis 139b, 152 und 153 auf die Besitzer und Arbeiter von Bergwerken, Salinen, Aufbereitungsanstalten und unterirdisch betriebenen Brüchen oder Gruben.

Arbeiterinnen dürfen in Anlagen der im Absatz 3 bezeichneten Art nicht unter Tage beschäftigt werden. Zuwiderhandlungen unterliegen der Strafbestimmung des §. 146.

§ 155. Wo in diesem Gesetze auf die Landesgesetze verwiesen ist, sind unter den letzteren auch die ver-

---

Zu § 154, Abs. 3. Die Strafvorschriften für die in diesem Absatz angezogenen Bestimmungen greifen selbstverständlich Platz, wenn sie auch nicht besonders citirt sind (9. 1. 82) 5, 427.

Das landwirthschaftliche Gewerbe, und zwar sowohl die eigentliche Landwirthschaft, wie die unmittelbar mit ihr verbundenen landwirthschaftlichen Nebengewerbe fallen nicht unter die Bestimmungen der Gewerbeordnung, selbst wenn damit Fabrikbetrieb verbunden ist. Die Landwirthschaft muß jedoch die ausschließliche oder hauptsächliche ökonomische Grundlage des Gewerbebetriebes abgeben. Sobald der Landwirth in Werkverdingung für Dritte arbeiten läßt, unterliegt sein Betrieb den Bestimmungen der Gewerbeordnung (14. 1. 89) 18, 371.

fassungs- oder gesetzmäßig erlassenen Verordnungen verstanden.

Welche Behörden in jedem Bundesstaate unter der Bezeichnung: höhere Verwaltungsbehörde, untere Verwaltungsbehörde, Gemeindebehörde, Ortsbehörde, Unterbehörde, Polizeibehörde, Ortspolizeibehörde zu verstehen sind, wird von der Zentralbehörde des Bundesstaates bekannt gemacht.

Gesetz, betreffend das Urheberrecht an Schriftwerken, Abbildungen, musikalischen Kompositionen und dramatischen Werken.

Vom 11. Juni 1870.

(B.G.Bl. S. 339.)

[Das Gesetz hat im ganzen Deutschen Reich Geltung; was im Gesetz vom Norddeutschen Bund gesagt wird, gilt sonach für das Deutsche Reich. — Das mehrfach im Gesetz erwähnte Bundeskanzleramt, seit 12.5.71 Reichskanzleramt, führt jetzt infolge Allerh. Erlasses vom 24. 12. 79 (R.G.Bl. S. 321) den Namen „Reichsamt des Innern".]

I. Schriftstücke.

a. Ausschließliches Recht des Urhebers.

§ 1. Das Recht, ein Schriftwerk auf mechanischem Wege zu vervielfältigen, steht dem Urheber desselben ausschließlich zu.

Zu § 1. Unter Schriftwerk versteht das Gesetz ein literarisches Erzeugniß, eine selbständige geistige Produktion, das

§ 2. Dem Urheber wird in Beziehung auf den durch das gegenwärtige Gesetz gewährten Schutz der Herausgeber eines aus Beiträgen Mehrerer bestehenden Werkes gleich geachtet, wenn dieses ein einheitliches Ganzes bildet.

Das Urheberrecht an den einzelnen Beiträgen steht den Urhebern derselben zu.

Resultat der Autorenthätigkeit (29. 11. 80) 3,78; (21. 11. 87) 16,356; (21. 12 88) X,729; (2. 5. 89) 19,199. Gleichgültig ist hierbei das Maß der erforderlich gewesenen geistigen Thätigkeit, der Umfang und der innere Gehalt und Werth der Geistesarbeit (21. 12. 88) X, 729; (2. 5. 89) 19, 199. Das Gesetz schützt nicht nur die hervorragenden Leistungen auf dem Gebiete der Literatur, der Richter darf daher nicht den Schutz verweigern, weil ein Erzeugniß nach Umfang zu gering sei oder nach Inhalt zu tief stehe; dem Gericht kommt die Kritik des Schriftwerkes nicht zu (2. 5. 89) 19, 200. Ebensowenig wird erfordert, daß neues geistiges Material geliefert werde; die schaffende Thätigkeit des Urhebers kann sich vielmehr auch in einer bloßen Formgebung, in der Sammlung, Eintheilung und Anordnung bereits vorhandenen Materials äußern. (2. 1. 88) 17, 195; (21. 12. 88) X, 729. — Ausgeschlossen von dem Schutze sind dagegen alle Erzeugnisse, welche lediglich den Charakter mechanisch gefertigter Arbeiten an sich tragen und in keiner Weise eine individuelle geistige Thätigkeit erkennen lassen (21. 12. 88) X, 729.

Das Urheberrecht gehört seinem Wesen nach zu den Vermögensrechten. Die Ausschließlichkeit des Rechtes zur Vervielfältigung und Nachbildung ist dem Urheber vom Gesetze zu dem Zwecke gewährt, daß dem Arbeiter, der mit seiner geistigen Kraft produziert, innerhalb gewisser Grenzen ein pekuniärer Lohn der Arbeit zugesichert werde (6. 4. 88) 17, 274 X, 286.

Zu § 2. Ein aus Beiträgen Mehrerer bestehendes Werk kann als ein einheitliches Ganzes angesehen werden, wenn

§ 3. Das Recht des Urhebers geht auf dessen Erben über. Dieses Recht kann beschränkt oder unbeschränkt durch Vertrag oder durch Verfügung von Todeswegen auf Andere übertragen werden.

b. Verbot des Nachdrucks.

§ 4. Jede mechanische Vervielfältigung eines Schriftwerkes, welche ohne Genehmigung des Berechtigten (§§. 1. 2. 3) hergestellt wird, heißt Nachdruck und ist verboten.

Hinsichtlich dieses Verbotes macht es keinen Unterschied, ob das Schriftwerk ganz oder nur theilweise vervielfältigt wird.

Als mechanische Vervielfältigung ist auch das Abschreiben anzusehen, wenn es dazu bestimmt ist, den Druck zu vertreten.

---

das Werk einem bestimmten Ziele zustrebt, diesem Ziele alle einzelnen Theile dienen, auch der verfolgte Zweck relativ erreicht worden ist. Unerheblich ist dabei, ob der Zweck nur unvollständig erreicht und ob eine wissenschaftlichen Anforderungen entsprechende Anordnung und Gruppirung der einzelnen Theile durchgeführt worden ist (29. 11. 80) 3, 75.

Zu § 3. Die Zustimmung des Urhebers, welcher sein Recht auf einen Andern übertragen hat, zur Weiterveräußerung ist nicht erforderlich, wenn sich aus dem Vertrage oder aus sonstigen Umständen nicht ein ausreichender Anhalt für die Annahme ergiebt, daß nach dem Willen des Urhebers das übertragene Recht an die Person des Erwerbers gebunden sein soll (6. 4. 88) 17, 268 X, 281

Zu § 4. Der Thatbestand des Nachdrucks setzt keineswegs wesentliche Identität der Objekte voraus. Die Umformung eines Schriftwerks in ein Werk anderer Gattung, insbesondere eines Romans in ein Drama, kann sich als Nachdruck darstellen, nament-

§ 5. Als Nachdruck (§. 4.) ist auch anzusehen:

a) der ohne Genehmigung des Urhebers erfolgte Abdruck von noch nicht veröffentlichten Schriftwerken (Manuskripten).

Auch der rechtmäßige Besitzer eines Manuskriptes oder einer Abschrift desselben bedarf der Genehmigung des Urhebers zum Abdruck;

b) der ohne Genehmigung des Urhebers erfolgte Abdruck von Vorträgen, welche zum Zwecke der Erbauung, der Belehrung oder der Unterhaltung gehalten sind;

c) der neue Abdruck von Werken, welchen der Urheber oder der Verleger dem unter ihnen bestehenden Vertrage zuwider veranstaltet;

d) die Anfertigung einer größeren Anzahl von Exemplaren eines Werkes Seitens des Verlegers, als demselben vertragsmäßig oder gesetzlich gestattet ist.

---

lich wenn die Umformung unter theilweiser mechanischer Vervielfältigung des ursprünglichen Werkes vorgenommen wird. (22. 6. 83) 8, 428 V, 459.

Zu § 4, Abs. 3. Die Herstellung einer einzelnen Abschrift ist an sich noch keine Vervielfältigung, es muß aus den Umständen erhellen, daß die Herstellung mehrerer Exemplare beabsichtigt war. Im Uebrigen genügt für den Begriff der Vervielfältigung das Abschreiben in mehr als einem Exemplare (25. 3. 86) 14, 46 VIII, 226.

Das Abschreiben ist bestimmt, den Druck zu vertreten, sobald es zum Zwecke der Verbreitung geschieht (25. 3. 86) 14, 46 VIII, 226.

§ 6. Uebersetzungen ohne Genehmigung des Urhebers des Originalwerkes gelten als Nachdruck:

a) wenn von einem, zuerst in einer todten Sprache erschienenen Werke eine Uebersetzung in einer lebenden Sprache herausgegeben wird;

b) wenn von einem gleichzeitig in verschiedenen Sprachen herausgegebenen Werke eine Uebersetzung in einer dieser Sprachen veranstaltet wird;

c) wenn der Urheber sich das Recht der Uebersetzung auf dem Titelblatte oder an der Spitze des Werkes vorbehalten hat, vorausgesetzt, daß die Veröffentlichung der vorbehaltenen Uebersetzung nach dem Erscheinen des Originalwerkes binnen einem Jahre begonnen und binnen drei Jahren beendet wird. Das Kalenderjahr, in welchem das Originalwerk erschienen ist, wird hierbei nicht mitgerechnet.

Bei Originalwerken, welche in mehreren Bänden oder Abtheilungen erscheinen, wird jeder Band oder jede Abtheilung im Sinne dieses Paragraphen als ein besonderes Werk angesehen, und muß der Vorbehalt der Uebersetzung auf jedem Bande oder jeder Abtheilung wiederholt werden.

Bei dramatischen Werken muß die Uebersetzung innerhalb sechs Monaten, vom Tage der Veröffentlichung des Originals an gerechnet, vollständig erschienen sein.

Der Beginn und beziehungsweise die Vollendung

der Uebersetzung muß zugleich innerhalb der angegebenen Fristen zur Eintragung in die Eintragsrolle (§§. 39. ff.) angemeldet werden, widrigenfalls der Schutz gegen neue Uebersetzungen erlischt.

Die Uebersetzung eines noch ungedruckten gegen Nachdruck geschützten Schriftwerkes (§. 5. Littr. a. und b.) ist als Nachdruck anzusehen.

Uebersetzungen genießen gleich Originalwerken den Schutz dieses Gesetzes gegen Nachdruck.

c. Was nicht als Nachdruck anzusehen ist.

§ 7. Als Nachdruck ist nicht anzusehen:

a) das wörtliche Anführen einzelner Stellen oder kleinerer Theile eines bereits veröffentlichten Werkes oder die Aufnahme bereits veröffentlichter Schriften von geringerem Umfang in ein größeres Ganzes, sobald dieses nach seinem Hauptinhalt ein selbstständiges wissenschaftliches Werk ist, sowie in Sammlungen, welche aus Werken mehrerer Schriftsteller zum Kirchen-, Schul- und Unterrichtsgebrauch oder zu einem eigenthümlichen literarischen Zwecke veranstaltet werden. Vorausgesetzt ist jedoch, daß der Urheber oder die benutzte Quelle angegeben ist;

Zu § 7, a). Ein freisprechendes Urtheil darf sich nicht bei der Anführung begnügen, es seien kleinere Theile aufgenommen und das neue Sammelwerk verfolge einen eigenthümlichen literarischen Zweck, es muß vielmehr diese Annahme auch in den Urtheilsgründen rechtfertigen (4. 2. 80) 1, 183 I, 314.

Für diese Annahme kann nicht ausschließlich maßgebend sein,

b) der Abdruck einzelner Artikel aus Zeitschriften und anderen öffentlichen Blättern mit Ausnahme von novellistischen Erzeugnissen und wissenschaftlichen Ausarbeitungen, sowie von sonstigen größeren Mittheilungen, sofern an der Spitze der letzteren der Abdruck untersagt ist;

---

ob die Sammlung nach ihrer äußeren Erscheinung einer Gattung angehört, welche in der Literatur eine besondere Stellung einnimmt; das Werk muß sich vor allem als das Produkt einer eigenen geistigen Thätigkeit herausstellen, mag sich diese auch nur in einer neuen Bearbeitung und Ordnung des Entlehnten äußern (29. 11. 80) 3, 75; (21. 11. 87) 16, 352.

Es kommt nicht darauf an, ob die abgedruckte Schrift sich zum selbständigen Erscheinen eigne oder ob das Interesse des ersten Verlegers geschädigt werde, wohl aber darauf, ob die ältere Schrift mit der neueren in eine organische Verbindung gebracht ist, welche den Abdruck gerade dieses Werkes als ein Bedürfniß zur Erreichung des verfolgten wissenschaftlichen Zweckes erscheinen läßt (25. 3. 86) VIII, 223.

Ob ein Werk als eine Schrift von geringerem Umfange angesehen werden kann, ist wesentlich eine nach den konkreten Umständen zu beurtheilende Thatfrage, bei welcher Ziel und Inhalt der Sammlung und ihr inneres Verhältniß zu dem benutzten Werke in Betracht zu ziehen sind (29. 11. 80) 3, 75.

Sind einzelne Theile eines Sammelwerkes für sich verkäuflich und bekunden sie sich damit selbst als nicht wesentlich zusammen gehörig, so kommt jede solche Lieferung und ihr Verhältniß zu den darin aufgenommenen fremden Werken selbständig in Betracht (21. 11. 87) 16, 352.

Zu § 7, b). Inserate rechnen zu den Zeitungsartikeln (11. 7. 85) 12, 359 VII, 488. — Kalender gehören nicht zu den Zeitschriften und anderen öffentlichen Blättern (1. 4. 86) 14, 67 VIII, 241.

Das literarische Eigenthum an geschützten Zeitungsmitthei-

c) der Abdruck von Gesetzbüchern, Gesetzen, amtlichen Erlassen, öffentlichen Aktenstücken und Verhandlungen aller Art;

d) der Abdruck von Reden, welche bei den Verhandlungen der Gerichte, der politischen, kommunalen und kirchlichen Vertretungen, sowie der politischen und ähnlichen Versammlungen gehalten werden.

d. Dauer des ausschließlichen Rechtes des Urhebers.

§ 8. Der Schutz des gegenwärtigen Gesetzes gegen Nachdruck wird, vorbehaltlich der folgenden besonderen Bestimmungen, für die Lebensdauer des Urhebers (§§. 1. und 2.) und dreißig Jahre nach dem Tode desselben gewährt.

---

lungen steht ohne besondere Uebertragung nicht dem Herausgeber der Zeitung, sondern dem Verfasser zu (26. 10. 81) III, 651. Letzterer ist antragsberechtigt (17. 11. 86) 15, 59.

Daß der Redakteur einer Zeitschrift den Artikel aus einer anderen Zeitschrift entnommen, welche denselben selbst unbefugt nachgedruckt hat, schließt den Begriff des fahrlässigen Nachdrucks nicht aus [Nachdruck vom Nachdruck] (1. 4. 86) 14, 67 VIII, 240.

Unter den Begriff „novellistisches Erzeugniß" fallen nicht blos eigentliche Novellen im strengtechnischen Sinne, sondern alle der Unterhaltung dienenden Erzeugnisse erzählender Prosadichtung [sog. Feuilletonartikel] (17. 11. 86) 15, 59; (2. 5. 89) 19, 198. Umfang und innerer Werth des Erzeugnisses kommt nicht in Betracht, sondern nur Form und Inhalt (2. 5. 89) 19, 198.

Der Untersagung des Abdrucks an der Spitze des Artikels bedarf es weder bei novellistischen Erzeugnissen noch bei wissenschaftlichen Ausarbeitungen (17. 11. 86) 15, 59.

§ 9. Bei einem von mehreren Personen als Miturhebern verfaßten Werke erstreckt sich die Schutzfrist auf die Dauer von dreißig Jahren nach dem Tode des Letztlebenden derselben.

Bei Werken, welche durch Beiträge mehrerer Mitarbeiter gebildet werden, richtet sich die Schutzfrist für die einzelnen Beiträge danach, ob die Urheber derselben genannt sind oder nicht (§§. 8. 11.).

§ 10. Einzelne Aufsätze, Abhandlungen 2c., welche in periodischen Werken, als: Zeitschriften, Taschenbüchern, Kalendern 2c., erschienen sind, darf der Urheber, falls nichts Anderes verabredet ist, auch ohne Einwilligung der Herausgebers oder Verlegers des Werkes, in welches dieselben aufgenommen sind, nach zwei Jahren vom Ablauf des Jahres des Erscheinens an gerechnet, anderweitig abdrucken.

§ 11. Bei Schriftwerken, welche bereits veröffentlicht sind, ist die im §. 8. vorgeschriebene Dauer des Schutzes an die Bedingung geknüpft, daß der wahre Name des Urhebers auf dem Titelblatte oder unter der Zueignung oder unter der Vorrede angegeben ist.

Bei Werken, welche durch Beiträge mehrerer Mitarbeiter gebildet werden, genügt es für den Schutz der Beiträge, wenn der Name des Urhebers an der Spitze oder am Schluß des Beitrags angegeben ist.

Ein Schriftwerk, welches entweder unter einem anderen, als dem wahren Namen des Urhebers veröffentlicht, oder bei welchem ein Urheber gar nicht angegeben ist, wird dreißig Jahre lang, von der ersten

Herausgabe an gerechnet, gegen Nachdruck geschützt (§. 28.).

Wird innerhalb dreißig Jahre, von der ersten Herausgabe an gerechnet, der wahre Name des Urhebers von ihm selbst oder seinen hierzu legitimirten Rechtsnachfolgern zur Eintragung in die Eintragsrolle (§§. 39. ff.) angemeldet, so wird dadurch dem Werke die im §. 8. bestimmte längere Dauer des Schutzes erworben.

§ **12.** Die erst nach dem Tode des Urhebers erschienenen Werke werden dreißig Jahre lang, vom Tode des Urhebers an gerechnet, gegen Nachdruck geschützt.

§ **13.** Akademien, Universitäten, sonstige juristische Personen, öffentliche Unterrichtsanstalten, sowie gelehrte oder andere Gesellschaften, wenn sie als Herausgeber dem Urheber gleich zu achten sind (§. 2.), genießen für die von ihnen herausgegebenen Werke einen Schutz von dreißig Jahren nach deren Erscheinen.

§ **14.** Bei Werken, die in mehreren Bänden oder Abtheilungen erscheinen, wird die Schutzfrist von dem ersten Erscheinen eines jeden Bandes oder einer jeden Abtheilung an berechnet.

Bei Werken jedoch, die in einem oder mehreren Bänden eine einzige Aufgabe behandeln und mithin als in sich zusammenhängend zu betrachten sind, beginnt die Schutzfrist erst nach dem Erscheinen des letzten Bandes oder der letzten Abtheilung.

Wenn indessen zwischen der Herausgabe einzelner Bände oder Abtheilungen ein Zeitraum von mehr als drei Jahren verflossen ist, so sind die vorher erschienenen Bände, Abtheilungen ꝛc. als ein für sich bestehendes Werk und ebenso die nach Ablauf der drei Jahre erscheinenden weiteren Forsetzungen als ein neues Werk zu behandeln.

§ **15.** Das Verbot der Herausgabe von Uebersetzungen dauert in dem Falle des §. 6. Littr. b. fünf Jahre vom Erscheinen des Originalwerkes, in dem Falle des §. 6. Littr. c. fünf Jahre vom ersten Erscheinen der rechtmäßigen Uebersetzung ab gerechnet.

§ **16.** In den Zeitraum der gesetzlichen Schutzfrist (§§. 8. ff.) wird das Todesjahr des Verfassers, beziehungsweise das Kalenderjahr des ersten Erscheinens des Werkes oder der Uebersetzung nicht eingerechnet.

§ **17.** Ein Heimfallsrecht des Fiskus oder anderer zu herrenlosen Verlassenschaften berechtigter Personen findet auf das ausschließliche Recht des Urhebers und seiner Rechtsnachfolger nicht statt.

e. Entschädigung und Strafen.

§ **18.** [L.] Wer vorsätzlich oder aus Fahrlässigkeit einen Nachdruck (§§. 4. ff.) in der Absicht, denselben innerhalb oder außerhalb des Norddeutschen Bundes zu verbreiten, veranstaltet, ist den Urheber oder dessen Rechtsnachfolger zu entschädigen verpflichtet und wird außer-

---

Zu § 18. Wegen Nachdrucks wird bestraft (25. 6. 86) 14, 236 VIII, 474:

1. als Veranstalter der Unternehmer, welcher den Nachdruck herstellt oder herstellen läßt, um denselben zu verbreiten, gleichviel ob für eigene oder fremde Rechnung;

dem mit einer Geldstrafe bis zu Eintausend Thalern bestraft.

Die Bestrafung des Nachdrucks bleibt jedoch ausgeschlossen, wenn der Veranstalter desselben auf Grund

---

2. als Mitveranstalter, wer bei dieser Herstellung mitthätig und dessen Wille auf die Veranstaltung als eigene That gerichtet ist [z. B. der Drucker (1. 10. 83) 9, 109 V, 561];
3. als Veranlasser (§ 20), wer vorsätzlich oder aus Fahrlässigkeit einen Anderen zur Veranstaltung bestimmt;
4. als Gehülfe nur derjenige, welcher wissentlich zu einem vorsätzlich unbefugten Nachdrucke Hülfe geleistet hat.

Veranstalter des Nachdrucks ist sowohl derjenige, für dessen Rechnung der Nachdruck hergestellt wird, wie derjenige, welcher den sonst erforderlichen geschäftlichen Apparat und die sonst erforderlichen technischen Anstalten für die Herstellung hergiebt; nicht dagegen derjenige, welcher lediglich mit seinen persönlichen Kräften äußerlich zur mechanischen Vervielfältigung mitwirkt, so z. B. der Setzer, Stecher, Korrektor, Maschinist (2. 2. 85) 12, 34.

Die Absicht zu verbreiten bildet den Gegensatz der Absicht, die Nachbildung zum eigenen Privatgebrauch zu verwenden; es genügt die Absicht irgend einer Mittheilung der nachgedruckten Exemplare an andere Personen, als den Nachdrucker, zu deren Gebrauch. Die Verbreitung braucht, im Gegensatze zu der des § 25, keine gewerbsmäßige zu sein, überhaupt nicht zum Zwecke eines Erwerbs geschehen; auch braucht sie nicht durch Eigenthumsübertragung erfolgen, jede Ueberlassung zur Benutzung, z. B. durch Verleihen, genügt (25. 3. 86) 14, 47 VIII, 228.

Es genügt die Absicht der Verbreitung in solchen Gebieten außerhalb des Deutschen Reichs, in welchen kein Schutz des Urheberrechts existirt (1. 10. 83) 9, 109 V, 561.

Die Aufführung eines Musikwerks vor einem größeren Publikum gilt als Verbreitung (25. 3. 86) 14, 46 VIII, 226.

Zu § 18, Abs. 2. Dieser Strafausschließungsgrund gilt

entschuldbaren, thatsächlichen oder rechtlichen Irrthums in gutem Glauben gehandelt hat.

Kann die verwirkte Geldstrafe nicht beigetrieben werden, so wird dieselbe nach Maaßgabe der allgemeinen Strafgesetze in eine entsprechende Freiheitsstrafe bis zu sechs Monaten umgewandelt.

Statt jeder aus diesem Gesetze entspringenden Entschädigung kann auf Verlangen des Beschädigten neben

---

nicht nur für den Veranstalter, sondern auch für den Veranlasser [§ 20] und für den gewerbsmäßigen Verbreiter [§ 25] (2. 7. 81) 4, 349; (15. 4. 87) 15, 419 IX, 236.

Die Bedeutung des Abs. 2 liegt nicht in dem überflüssigen weil selbstverständlichen Satze, daß entschuldbarer thatsächlicher Irrthum die Bestrafung ausschließe, sondern in der gleichzeitig getroffenen Bestimmung, daß ein entschuldbarer rechtlicher Irrthum dieselbe Wirkung haben solle, womit zu Gunsten des Nachdrucks das dem Strafrecht sonst fremde Prinzip Ausdruck gefunden hat, daß auch Unkenntniß oder unrichtige Auffassung des Strafgesetzes den auf Grund solcher Unkenntniß in gutem Glauben handelnden Nachdrucker von Strafe befreien soll (2. 7. 81) 4, 349; (15. 4. 87) 15, 419 IX, 236 (238).

Die Frage, ob ein thatsächlicher Irrthum entschuldbar sei, ist der Nachprüfung des Revisionsgerichtes entrückt, weil sie nur nach den konkreten Umständen des einzelnen Falles und auf Grund der hieraus sich ergebenden thatsächlichen Schlußfolgerungen beantwortet werden kann (17. 2. 84) 9, 422. — Anders bei der Annahme eines entschuldbaren rechtlichen Irrthums (1. 10. 83) 9, 109. Hier ist zwar die Feststellung, daß der Veranstalter 2c. sich in einem Rechtsirrthum befunden habe, nur thatsächlich, nicht aber die Feststellung, daß dieser Irrthum entschuldbar ist (21. 10. 87) IX, 520.

Gegen ein Urtheil, welches objektiv Nachdruck feststellt, den Angeklagten aber wegen entschuldbaren Irrthums freispricht, hat dieser kein Rechtsmittel (21. 1. 86) 13, 324 VIII, 72.

der Strafe auf eine an den Beschädigten zu erlegende Geldbuße bis zum Betrage von zweitausend Thalern erkannt werden. Für diese Buße haften die zu derselben Verurtheilten als Gesammtschuldner.

Eine erkannte Buße schließt die Geltendmachung eines weiteren Entschädigungsanspruches aus.

Wenn den Veranstalter des Nachdrucks kein Verschulden trifft, so haftet er dem Urheber oder dessen Rechtsnachfolger für den entstandenen Schaden nur bis zur Höhe seiner Bereicherung.

§ **19.** Darüber, ob ein Schaden entstanden ist, und wie hoch sich derselbe beläuft, desgleichen über den Bestand und die Höhe einer Bereicherung, entscheidet das Gericht unter Würdigung aller Umstände nach freier Ueberzeugung.

§ **20.** Wer vorsätzlich oder aus Fahrlässigkeit einen Anderen zur Veranstaltung eines Nachdrucks veranlaßt, hat die im §. 18. festgesetzte Strafe verwirkt, und ist den Urheber oder dessen Rechtsnachfolger nach Maaßgabe der §§. 18. und 19. zu entschädigen verpflichtet, und zwar selbst dann, wenn der Veranstalter des Nachdrucks nach §. 18. nicht strafbar oder ersatzverbindlich sein sollte.

Zu § 19. Daß sich auf Grund der ermittelten Thatsachen die Höhe des dem Nebenkläger entstandenen Schadens auch nur annähernd nicht bemessen läßt, darf den Richter an der Zuerkennung einer Buße nicht hindern (9. 3. 88) 17, 190 X, 224.

Zu § 20. Für den in Beziehung auf die Strafbarkeit dem Veranstalter ganz gleich gestellten Veranlasser des Nachdrucks gilt ebenfalls der besondere Strafausschließungsgrund des § 18, Abs. 2 (2. 7. 81) 4, 349.

Wenn der Veranstalter des Nachdrucks ebenfalls vorsätzlich oder aus Fahrlässigkeit gehandelt hat, so haften Beide dem Berechtigten solidarisch.

Die Strafbarkeit und die Ersatzverbindlichkeit der übrigen Theilnehmer am Nachdruck richtet sich nach den allgemeinen gesetzlichen Vorschriften.

§ **21.** Die vorräthigen Nachdrucks-Exemplare und die zur widerrechtlichen Vervielfältigung ausschließlich bestimmten Vorrichtungen, wie Formen, Platten, Steine, Stereotypabgüsse ꝛc., unterliegen der Einziehung. Dieselben sind, nachdem die Einziehung dem Eigenthümer gegenüber rechtskräftig erkannt ist, entweder zu vernichten oder ihrer gefährdenden Form zu entkleiden und alsdann dem Eigenthümer zurückzugeben.

Wenn nur ein Theil des Werkes als Nachdruck anzusehen ist, so erstreckt sich die Einziehung nur auf den als Nachdruck erkannten Theil des Werkes und die Vorrichtungen zu diesem Theile.

Die Einziehung erstreckt sich auf alle diejenigen Nachdrucks-Exemplare und Vorrichtungen, welche sich im Eigenthum des Veranstalters des Nachdrucks, des Druckers, der Sortimentsbuchhändler, der gewerbsmäßigen Verbreiter und desjenigen, welcher den Nachdruck veranlaßt hat (§. 20.), befinden.

Zu § 21, Abs. 2. Auch bei nur theilweisem Nachdrucke muß die Einziehung des ganzen Werkes erfolgen, wenn aus äußeren, mechanischen Gründen der als Nachdruck erkannte Theil sich von den übrigen Theilen des Werkes nicht trennen läßt [vgl. Str.G.B. § 41, Abs. 3] (15. 5. 85) 12, 198 VII, 297.

Die Einziehung tritt auch dann ein, wenn der Veranstalter oder Veranlasser des Nachdrucks weder vorsätzlich noch fahrlässig gehandelt hat (§. 18.). Sie erfolgt auch gegen die Erben desselben.

Es steht dem Beschädigten frei, die Nachdrucks-Exemplare und Vorrichtungen ganz oder theilweise gegen die Herstellungskosten zu übernehmen, insofern nicht die Rechte eines Dritten dadurch verletzt oder gefährdet werden.

§ **22.** Das Vergehen des Nachdrucks ist vollendet, sobald ein Nachdrucks-Exemplar eines Werkes den Vorschriften des gegenwärtigen Gesetzes zuwider, sei es im Gebiete des Norddeutschen Bundes, sei es außerhalb desselben, hergestellt worden ist.

Im Falle des bloßen Versuchs des Nachdrucks tritt weder eine Bestrafung noch eine Entschädigungsverbindlichkeit des Nachdruckers ein. Die Einziehung der Nachdrucksvorrichtungen (§. 21.) erfolgt auch in diesem Falle.

§ **23.** Wegen Rückfalls findet eine Erhöhung der Strafe über das höchste gesetzliche Maaß (§. 18.) nicht statt.

§ **24.** [A.] Wenn in den Fällen des §. 7. Littr. a. die Angabe der Quelle oder des Namens des Urhebers vorsätzlich oder aus Fahrlässigkeit unterlassen wird, so

---

Zu § 21, Abs. 4. In dem objektiven Einziehungsverfahren fallen die Kosten desselben der Staatskasse, nicht dem nach St.P.O. § 478, Abs. 2 zum Termine geladenen Interessenten zur Last (15. 5. 85) 12, 198 VII, 297; (20. 10. 85) 13, 19.

haben der Veranstalter und der Veranlasser des Abdrucks eine Geldstrafe bis zu zwanzig Thalern verwirkt.

Eine Umwandlung der Geldstrafe in Freiheitsstrafe findet nicht statt.

Eine Entschädigungspflicht tritt nicht ein.

§ **25.** Wer vorsätzlich Exemplare eines Werkes, welche den Vorschriften des gegenwärtigen Gesetzes zuwider angefertigt worden sind, innerhalb oder außerhalb des Norddeutschen Bundes gewerbemäßig feilhält, verkauft oder in sonstiger Weise verbreitet, ist nach Maaßgabe des von ihm verursachten Schadens den Urheber oder dessen Rechtsnachfolger zu entschädigen verpflichtet und wird außerdem mit Geldstrafe nach §. 18. bestraft.

Zu § 25. Die Gewerbsmäßigkeit ist für jede Art des Verbreitens, nicht nur für das Feilhalten und Verkaufen ein Erforderniß der Haftbarkeit. — Gewerbsmäßige Verbreitung liegt vor, sobald sie in Ausübung eines Gewerbes geschieht, nicht blos dann, wenn aus der Verbreitung ein Gewerbe gemacht wird (5. 5. 84) 10, 401 VI, 312.

Strafbare Anfertigung der Nachdrucksexemplare ist nicht erforderlich, es genügt, daß dieselben objektiv den Vorschriften des Gesetzes zuwider angefertigt sind (5. 5. 84) 10, 401 VI, 312.

Bei gewerbsmäßiger Verletzung des Urheberrechts rücksichtlich mehrerer Schriftwerke ist die Strafe für jedes Werk besonders zu erkennen (29. 3. 81) 4, 36 III, 170.

Auch für den gewerbsmäßigen Verbreiter gilt der besondere Strafausschließungsgrund des § 18, Abs. 2 (15. 4. 87) 15, 419 IX, 236.

Der Verleger, welchem vom Verfasser das Verlagsrecht auf eine bestimmte Zeitdauer übertragen ist, macht sich nur civilrechtlich verhaftet, nicht aber strafbar, wenn er vertragswidrig nach Beendigung seines Verlagsrechtes während desselben herge-

Die Einziehung der zur gewerbemäßigen Verbreitung bestimmten Nachdrucks-Exemplare nach Maaßgabe des §. 21. findet auch dann statt, wenn der Verbreiter nicht vorsätzlich gehandelt hat.

Der Entschädigungspflicht, sowie der Bestrafung wegen Verbreitung unterliegen auch der Veranstalter und Veranlasser des Nachdrucks, wenn sie nicht schon als solche entschädigungspflichtig und strafbar sind.

f. Verfahren.

§ 26. Sowohl die Entscheidung über den Entschädigungsanspruch, als auch die Verhängung der im gegenwärtigen Gesetze angedrohten Strafen und die Einziehung der Nachdrucks-Exemplare 2c. gehört zur Kompetenz der ordentlichen Gerichte.

Die Einziehung der Nachdrucks-Exemplare 2c. kann sowohl im Strafrechtswege beantragt, als im Civilrechtswege verfolgt werden.

§ 27. Das gerichtliche Strafverfahren ist nicht von Amtswegen, sondern nur auf den Antrag des Verletzten einzuleiten. Der Antrag auf Bestrafung kann bis zur Verkündung eines auf Strafe lautenden Erkenntnisses zurückgenommen werden.

---

stellte Exemplare verbreitet. Dieselben sind kein Nachdruck und unterliegen deshalb auch nicht der Einziehung (28. 6. 86) 14, 267 VIII, 495.

Zu § 25, Abs. 3. Die Bestrafung des Veranstalters aus § 18 schließt seine Bestrafung wegen gewerbsmäßiger Verbreitung von Nachdrucksexemplaren aus (22. 12. 84) 11, 333.

Zu § 27. Lediglich in dem Antrage auf Bestrafung ist nicht zugleich der Antrag auf Einziehung und Vernichtung der Nachdrucksexemplare 2c. (§ 36) enthalten (21. 1. 86) 13, 324 VIII, 72.

§ 28. Die Verfolgung des Nachdrucks steht Jedem zu, dessen Urheber- oder Verlagsrechte durch die widerrechtliche Vervielfältigung beeinträchtigt oder gefährdet sind.

Bei Werken, welche bereits veröffentlicht sind, gilt bis zum Gegenbeweise derjenige als Urheber, welcher nach Maaßgabe des §. 11, Absatz 1. 2. auf dem Werke als Urheber angegeben ist.

Bei anonymen und pseudonymen Werken ist der Herausgeber, und wenn ein solcher nicht angegeben ist, der Verleger berechtigt, die dem Urheber zustehenden Rechte wahrzunehmen. Der auf dem Werke angegebene Verleger gilt ohne weiteren Nachweis als der Rechtsnachfolger des anonymen oder pseudonymen Urhebers.

§ 29. In den Rechtsstreitigkeiten wegen Nachdrucks, einschließlich der Klagen wegen Bereicherung aus dem Nachdruck, hat der Richter, ohne an positive Regeln über die Wirkung der Beweismittel gebunden zu sein, den Thatbestand nach seiner freien, aus dem Inbegriff der Verhandlungen geschöpften Ueberzeugung festzustellen.

Ebenso ist der Richter bei Entscheidung der Frage: ob der Nachdrucker oder der Veranlasser des Nachdrucks (§§ 18. 20.) fahrlässig gehandelt hat, an die in den Landesgesetzen vorgeschriebenen verschiedenen Grade der Fahrlässigkeit nicht gebunden.

§ 30. Sind technische Fragen, von welchen der Thatbestand des Nachdrucks oder der Betrag des Scha-

---

Zu § 30. Die Wahl des Sachverständigen unterliegt dem freien Ermessen des Richters; er braucht nicht den Sachverständigen-Verein zu befragen (28. 10. 81) 5, 79.

dens oder der Bereicherung abhängt, zweifelhaft oder streitig, so ist der Richter befugt, das Gutachten Sachverständiger einzuholen.

§ 31. In allen Staaten des Norddeutschen Bundes sollen aus Gelehrten, Schriftstellern, Buchhändlern und anderen geeigneten Personen Sachverständigen-Vereine gebildet werden, welche, auf Erfordern des Richters, Gutachten über die an sie gerichteten Fragen abzugeben verpflichtet sind. Es bleibt den einzelnen Staaten überlassen, sich zu diesem Behufe an andere Staaten des Norddeutschen Bundes anzuschließen, oder auch mit denselben sich zur Bildung gemeinschaftlicher Sachverständigen-Vereine zu verbinden.

Die Sachverständigen-Vereine sind befugt, auf Anrufen der Betheiligten über streitige Entschädigungsansprüche und die Einziehung nach Maaßgabe der §§. 18. bis 21. als Schiedsrichter zu verhandeln und zu entscheiden.

Das Bundeskanzler-Amt erläßt die Instruktion*) über die Zusammensetzung und den Geschäftsbetrieb der Sachverständigen-Vereine.

*) Instruktion vom 12. Dezember 1870.
(B.G.Bl. S. 621.)

§ 4. Der literarische Sachverständigen-Verein ist berufen, auf Erfordern der Gerichte Gutachten über technische Fragen abzugeben, von welchen

a) der Thatbestand des Nachdrucks von Schriftwerken oder Abbildungen (§§. 1. ff., §§. 43. und 44. des Gesetzes vom 11. Juni 1870.)

oder

b) der Thatbestand der unerlaubten Aufführung eines dramatischen Werkes (§§. 50. ff. a. a. O.)

oder

c) der Betrag des durch den Nachdruck oder die unerlaubte Aufführung entstandenen Schadens, beziehungsweise der Bereicherung

abhängt.

§ 5. Der musikalische Sachverständigen-Verein ist berufen, auf Erfordern der Gerichte Gutachten über technische Fragen abzugeben, von welchen

a) der Thatbestand des Nachdrucks von musikalischen Kompositionen (§§. 45. ff. a. a. O.)

oder

b) der Thatbestand der unerlaubten Aufführung eines musikalischen oder dramatisch-musikalischen Werkes (§§. 50. ff. a. a. O.)

oder

c) der Betrag des durch den Nachdruck oder die unerlaubte Aufführung entstandenen Schadens, beziehungsweise der Bereicherung

abhängt.

§ 6. (Abgeändert durch Bekanntmachung des Reichskanzlers vom 16. Juli 1879 [Centralblatt S. 490].) Das verlangte Gutachten hat der Verein nur dann abzugeben, wenn von dem ersuchenden Gerichte

1) in dem Ersuchungsschreiben die zu begutachtenden Fragen einzeln aufgeführt,

2) dem Vereine übersendet sind

a. die gerichtlichen Akten,

b. die zu vergleichenden Gegenstände, deren Identität durch Anhängung des Gerichtssiegels oder auf andere Art außer Zweifel gestellt und gegen Verwechselung

gesichert ist.

§ 8. Zur Fassung eines gültigen Beschlusses ist die Anwesenheit von wenigstens fünf Mitgliedern, einschließlich des Vorsitzenden und der etwa zugezogenen Stellvertreter, erforderlich. Mehr als sieben Mitglieder dürfen an dem Beschlusse nicht Theil nehmen.

§ 9. Nach Maaßgabe des gefaßten Beschlusses wird das Gutachten ausgefertigt, von den bei der Beschlußfassung anwesend gewesenen Mitgliedern des Vereins unterschrieben und mit dem dem Vereine zu überweisenden Siegel untersiegelt. Die etwaige Verwendung von Stempeln zu dem Gutachten richtet sich nach den Gesetzen der einzelnen Bundesstaaten.

§ 10. Der Verein ist befugt, an Gebühren für das Gutachten zehn bis Einhundert Thaler zu liquidiren, welche vom requirirenden Gerichte sofort nach Eingang des Gutachtens dem Vorsitzenden des Vereins kostenfrei übersandt werden.

---

§ 32. (Veraltet.)

g. Verjährung.

§ 33. Die Strafverfolgung des Nachdrucks und die Klage auf Entschädigung wegen Nachdrucks, einschließlich der Klage wegen Bereicherung (§. 18.), verjähren in drei Jahren.

Der Lauf der Verjährung beginnt mit dem Tage, an welchem die Verbreitung der Nachdrucks-Exemplare zuerst stattgefunden hat.

§ 34. Die Strafverfolgung der Verbreitung von Nachdrucks-Exemplaren und die Klage auf Entschädigung wegen dieser Verbreitung (§. 25.) verjähren ebenfalls in drei Jahren.

Zu § 33, Abs. 2. Als Verbreitung kann nicht schon die Uebergabe der Nachdruckexemplare von Seiten des einen vermöge der getroffenen Verabredung an dem Nachdruck Theilnehmenden an den anderen als Anstifter Theilnehmenden in Betracht kommen, sondern lediglich die Uebergabe an einen dritten, bei der Veranstaltung des Nachdrucks Unbetheiligten (22. 12. 84) 11, 333.

Der Lauf der Verjährung beginnt mit dem Tage, an welchem die Verbreitung zuletzt stattgefunden hat.

§ **35.** Der Nachdruck und die Verbreitung von Nachdrucks-Exemplaren sollen straflos bleiben, wenn der zum Strafantrage Berechtigte den Antrag binnen drei Monaten nach erlangter Kenntniß von dem begangenen Vergehen und von der Person des Thäters zu machen unterläßt.

§ **36.** Der Antrag auf Einziehung und Vernichtung der Nachdrucks-Exemplare, sowie der zur widerrechtlichen Vervielfältigung ausschließlich bestimmten Vorrichtungen (§. 21.), ist solange zulässig, als solche Exemplare und Vorrichtungen vorhanden sind.

§ **37.** Die Uebertretung, welche dadurch begangen wird, daß in den Fällen des §. 7. Littr. a. die Angabe der Quelle oder des Namens des Urhebers unterblieben ist, verjährt in drei Monaten.

Der Lauf der Verjährung beginnt mit dem Tage, an welchem der Abdruck zuerst verbreitet worden ist.

§ **38.** Die allgemeinen gesetzlichen Vorschriften bestimmen, durch welche Handlungen die Verjährung unterbrochen wird.

Die Einleitung des Strafverfahrens unterbricht die Verjährung der Entschädigungsklage nicht, und eben so

---

Zu § 36. Dieser Antrag hat einen vorherrschend civilrechtlichen Charakter, er muß selbständig neben dem Strafantrag gestellt werden (21. 1. 86) 13, 324 VIII, 72.

wenig unterbricht die Anstellung der Entschädigungsklage die Verjährung des Strafverfahrens.

h. Eintragsrolle.

§ **39.** Die Eintragsrolle, in welche die in den §§. 6. und 11. vorgeschriebenen Eintragungen stattzufinden haben, wird bei dem Stadtrath zu Leipzig geführt.

§ **40.** Der Stadtrath zu Leipzig ist verpflichtet, auf Antrag der Betheiligten die Eintragungen zu bewirken, ohne daß eine zuvorige Prüfung über die Berechtigung des Antragstellers oder über die Richtigkeit der zur Eintragung angemeldeten Thatsachen stattfindet.

§ **41.** Das Bundeskanzler-Amt erläßt die Instruktion über die Führung der Eintragsrolle.*) Es ist Jedermann gestattet, von der Eintragsrolle Einsicht zu nehmen und sich beglaubigte Auszüge aus derselben ertheilen zu lassen. Die Eintragungen werden im Börsenblatt für den Deutschen Buchhandel und, falls dasselbe zu erscheinen aufhören sollte, in einer anderen vom Bundeskanzler-Amte zu bestimmenden Zeitung öffentlich bekannt gemacht.

*) Instruktion vom 7. Dezember 1870 (Centralblatt für das Deutsche Reich 1876 S. 120).

§ **42.** Alle Eingaben, Verhandlungen, Atteste, Beglaubigungen, Zeugnisse, Auszüge u. s. w., welche die Eintragung in die Eintragsrolle betreffen, sind stempelfrei.

Dagegen wird für jede Eintragung, für jeden Eintragsschein, sowie für jeden sonstigen Auszug aus der

Eintragsrolle eine Gebühr von je 15 Sgr. erhoben, und außerdem hat der Antragsteller die etwaigen Kosten für die öffentliche Bekanntmachung der Eintragung (§. 41.) zu entrichten.

II. Geographische, topographische, naturwissenschaftliche, architektonische, technische und ähnliche Abbildungen.

§ **43.** Die Bestimmungen in den §§. 1. bis 42. finden auch Anwendung auf geographische, topographische, naturwissenschaftliche, architektonische, technische und ähnliche Zeichnungen und Abbildungen, welche nach ihrem Hauptzwecke nicht als Kunstwerke zu betrachten sind.

§ **44.** Als Nachdruck ist es nicht anzusehen, wenn einem Schriftwerke einzelne Abbildungen aus einem anderen Werke beigefügt werden, vorausgesetzt, daß das Schriftwerk als die Hauptsache erscheint und die Abbildungen nur zur Erläuterung des Textes u. s. w. dienen. Auch muß der Urheber oder die benutzte Quelle angegeben sein, widrigenfalls die Strafbestimmung im §. 24. Platz greift.

III. Musikalische Kompositionen.

§ **45.** Die Bestimmungen in den §§. 1. bis 5., 8. bis 42. finden auch Anwendung auf das ausschließliche

---

Zu § 43. Dem Zeichner verbleibt das Urheberrecht, auch wenn die Zeichnungen auf Bestellung angefertigt wurden und vertragsmäßig in das Eigenthum des Bestellers übergingen; doch kann aus der Uebertragung des Eigenthums an den Zeichnungen nach Lage der Umstände auch auf die Uebertragung des Urheberrechts geschlossen werden (8. 3. 87) 15, 405.

Recht des Urhebers zur Vervielfältigung musikalischer Kompositionen.

§ 46. Als Nachdruck sind alle ohne Genehmigung des Urhebers einer musikalischen Komposition herausgegebenen Bearbeitungen derselben anzusehen, welche nicht als eigenthümliche Kompositionen betrachtet werden können, insbesondere Auszüge aus einer musikalischen Komposition, Arrangements für einzelne oder mehrere Instrumente oder Stimmen, sowie der Abdruck von einzelnen Motiven oder Melodien eines und desselben Werkes, die nicht künstlerisch verarbeitet sind.

§ 47. Als Nachdruck ist nicht anzusehen: das Anführen einzelner Stellen eines bereits veröffentlichten Werkes der Tonkunst, die Aufnahme bereits veröffentlichter kleinerer Kompositionen in ein nach seinem Hauptinhalte selbstständiges wissenschaftliches Werk, sowie in Sammlungen von Werken verschiedener Komponisten zur Benutzung in Schulen, ausschließlich der Musikschulen. Vorausgesetzt ist jedoch, daß der Urheber oder die benutzte Quelle angegeben ist, widrigenfalls die Strafbestimmung des §. 24. Platz greift.

§ 48. Als Nachdruck ist nicht anzusehen: die Benutzung eines bereits veröffentlichten Schriftwerkes als Text zu musikalischen Kompositionen, sofern der Text in Verbindung mit der Komposition abgedruckt wird.

Ausgenommen sind solche Texte, welche ihrem Wesen nach nur für den Zweck der Komposition Bedeutung haben, namentlich Texte zu Opern oder Oratorien. Texte dieser Art dürfen nur unter Genehmigung ihres

Urhebers mit den musikalischen Kompositionen zusammen abgedruckt werden.

Zum Abdruck des Textes ohne Musik ist die Einwilligung des Urhebers oder seiner Rechtsnachfolger erforderlich.

§ **49.** Die Sachverständigen-Vereine, welche nach Maaßgabe des §. 31. Gutachten über den Nachdruck musikalischer Kompositionen abzugeben haben, sollen aus Komponisten, Musikverständigen und Musikalienhändlern bestehen.

IV. Oeffentliche Aufführung dramatischer, musikalischer oder dramatisch-musikalischer Werke.

§ **50.** Das Recht, ein dramatisches, musikalisches oder dramatisch-musikalisches Werk öffentlich aufzuführen, steht dem Urheber und dessen Rechtsnachfolgern (§. 3.) ausschließlich zu.

In Betreff der dramatischen und dramatisch-musikalischen Werke ist es hierbei gleichgültig, ob das Werk bereits durch den Druck rc. veröffentlicht worden ist oder nicht. Musikalische Werke, welche durch Druck veröffentlicht worden sind, können ohne Genehmigung des Urhebers öffentlich aufgeführt werden, falls nicht der Urheber auf dem Titelblatt oder an der Spitze des Werkes sich das Recht der öffentlichen Aufführung vorbehalten hat.

Dem Urheber wird der Verfasser einer rechtmäßigen Uebersetzung des dramatischen Werkes in Beziehung auf das ausschließliche Recht zur öffentlichen Aufführung dieser Uebersetzung gleich geachtet.

Die öffentliche Aufführung einer rechtswidrigen Uebersetzung (§. 6.) oder einer rechtswidrigen Bearbeitung (§. 46.) des Originalwerkes ist untersagt.

§ **51.** Sind mehrere Urheber vorhanden, so ist zur Veranstaltung der öffentlichen Aufführung die Genehmigung jedes Urhebers erforderlich.

Bei musikalischen Werken, zu denen ein Text gehört, einschließlich der dramatisch-musikalischen Werke, genügt die Genehmigung des Komponisten allein.

§ **52.** In Betreff der Dauer des ausschließlichen Rechts zur öffentlichen Aufführung kommen die §§. 8. bis 17. zur Anwendung.

Anonyme und pseudonyme Werke, welche zur Zeit ihrer ersten rechtmäßigen öffentlichen Aufführung noch nicht durch den Druck veröffentlicht sind, werden dreißig Jahre vom Tage der ersten rechtmäßigen Aufführung an, posthume Werke dreißig Jahre vom Tode des Urhebers an gegen unbefugte öffentliche Aufführung geschützt.

Wenn der Urheber des anonymen oder pseudonymen Werkes oder sein hierzu legitimirter Rechtsnachfolger innerhalb der Frist von dreißig Jahren den wahren Namen des Urhebers vermittelst Eintragung in die Eintragsrolle (§. 39.) bekannt macht, oder wenn der Urheber das Werk innerhalb derselben Frist unter seinem wahren Namen veröffentlicht, so gelangt die Bestimmung des §. 8. zur Anwendung.

§ **53.** Bei dramatischen, musikalischen und dramatisch-musikalischen Werken, welche noch nicht mechanisch vervielfältigt, aber öffentlich aufgeführt worden sind, gilt bis zum Gegenbeweise derjenige als Urheber, welcher bei der Ankündigung der Aufführung als solcher bezeichnet worden ist.

§ **54.** Wer vorsätzlich oder aus Fahrlässigkeit ein dramatisches, musikalisches oder dramatisch-musikalisches Werk vollständig oder mit unwesentlichen Aenderungen unbefugter Weise öffentlich aufführt, ist den Urheber oder dessen Rechtsnachfolger zu entschädigen verpflichtet und wird außerdem mit einer Geldstrafe nach Maaßgabe der §§. 18. und 23. bestraft.

Auf den Veranlasser der unbefugten Aufführung findet der §. 20. mit der Maaßgabe Anwendung, daß die Höhe der Entschädigung nach §. 55. zu bemessen ist.

§ **55.** Die Entschädigung, welche dem Berechtigten im Falle des §. 54. zu gewähren ist, besteht in dem ganzen Betrage der Einnahme von jeder Aufführung ohne Abzug der auf dieselbe verwendeten Kosten.

Ist das Werk in Verbindung mit anderen Werken aufgeführt worden, so ist, unter Berücksichtigung der Verhältnisse, ein entsprechender Theil der Einnahme als Entschädigung festzusetzen.

Zu § 54. Die Entschädigungspflicht besteht unabhängig von dem Nachweise eines Schadens (18. 3. 80) 1, 328 I, 493; (20. 6. 82) 6, 398 IV, 590.

Die Nothwendigkeit, vor der Aufführung eines dramatischen Werkes die Genehmigung des Autors oder seines Rechtsnachfolgers einzuholen, wird durch eine entgegenstehende Usance nicht beseitigt (4. 4. 82) IV, 306.

Wenn die Einnahme nicht zu ermitteln oder eine solche nicht vorhanden ist, so wird der Betrag der Entschädigung vom Richter nach freiem Ermessen festgestellt.

Trifft den Veranstalter der Aufführung kein Verschulden, so haftet er dem Berechtigten auf Höhe seiner Bereicherung.

§ 56. Die Bestimmungen in den §§. 26. bis 42. finden auch in Betreff der Aufführung von dramatischen, musikalischen und dramatisch-musikalischen Werken Anwendung.

V. Allgemeine Bestimmungen.

§ 57. Das gegenwärtige Gesetz tritt mit dem 1. Januar 1871. in Kraft. Alle früheren, in den einzelnen Staaten des Norddeutschen Bundes geltenden, rechtlichen Bestimmungen in Beziehung auf das Urheberrecht an Schriftwerken, Abbildungen, musikalischen Kompositionen und dramatischen Werken treten von demselben Tage ab außer Wirksamkeit.

§ 58. Das gegenwärtige Gesetz findet auf alle vor dem Inkrafttreten desselben erschienenen Schriftwerke, Abbildungen, musikalischen Kompositionen und dramatischen Werke Anwendung, selbst wenn dieselben nach den bisherigen Landesgesetzgebungen keinen Schutz gegen Nachdruck, Nachbildung oder öffentliche Aufführung genossen haben.

Die bei dem Inkrafttreten dieses Gesetzes vorhandenen Exemplare, deren Herstellung nach der bisherigen Gesetzgebung gestattet war, sollen auch fernerhin verbreitet werden dürfen, selbst wenn ihre Herstellung nach dem gegenwärtigen Gesetze untersagt ist.

Ebenso sollen die bei dem Inkrafttreten dieses Gesetzes vorhandenen, bisher rechtmäßig angefertigten Vorrichtungen, wie Formen, Platten, Steine, Stereotypabgüsse 2c. auch fernerhin zur Anfertigung von Exemplaren benutzt werden dürfen.

Auch dürfen die beim Inkrafttreten des Gesetzes bereits begonnenen, bisher gestatteten Vervielfältigungen noch vollendet werden.

Die Regierungen der Staaten des Norddeutschen Bundes werden ein Inventarium über die Vorrichtungen, deren fernere Benutzung hiernach gestattet ist, amtlich aufstellen und diese Vorrichtungen mit einem gleichförmigen Stempel bedrucken lassen. Ebenso sollen alle Exemplare von Schriftwerken, welche nach Maaßgabe dieses Paragraphen auch fernerhin verbreitet werden dürfen, mit einem Stempel versehen werden.

Nach Ablauf der für die Legalisirung angegebenen Frist unterliegen alle mit dem Stempel nicht versehenen Vorrichtungen und Exemplare der bezeichneten Werke, auf Antrag des Verletzten, der Einziehung. Die nähere Instruktion über das bei der Aufstellung des Inven-

---

Zu § 58, Abs. 2. Die fernere Verbreitung vorhandener Exemplare ist im gesammten Geltungsgebiete dieses Gesetzes (d. i. m ganzen Deutschen Reiche) erlaubt, sofern sie früher nur nach der Gesetzgebung eines einzelnen Bundesstaates nicht verboten war (2. 10. 82) 7, 57 IV, 725.

tariums und bei der Stempelung zu beobachtende Verfahren wird vom Bundeskanzler-Amte erlassen.*)

*) Instruktion vom 7. Dezember 1870.

§ 59. Insofern nach den bisherigen Landesgesetzgebungen für den Vorbehalt des Uebersetzungsrechts andere Förmlichkeiten und für das Erscheinen der ersten Uebersetzung andere Fristen, als im §. 6. Littr. c. vorgeschrieben sind, hat es bei denselben in Betreff derjenigen Werke, welche vor dem Inkrafttreten des gegenwärtigen Gesetzes bereits erschienen sind, sein Bewenden.

§ 60. Die Ertheilung von Privilegien zum Schutze des Urheberrechts ist nicht mehr zulässig.

Dem Inhaber eines vor dem Inkrafttreten des gegenwärtigen Gesetzes von dem Deutschen Bunde oder den Regierungen einzelner, jetzt zum Norddeutschen Bunde gehörigen Staaten ertheilten Privilegiums steht es frei, ob er von diesem Privilegium Gebrauch machen oder den Schutz des gegenwärtigen Gesetzes anrufen will.

Der Privilegienschutz kann indeß nur für den Umfang derjenigen Staaten geltend gemacht werden, von welchen derselbe ertheilt worden ist.

Die Berufung auf den Privilegienschutz ist dadurch bedingt, daß das Privilegium entweder ganz oder dem wesentlichen Inhalte nach dem Werke vorgedruckt oder auf oder hinter dem Titelblatt desselben bemerkt ist. Wo dieses nach der Natur des Gegenstandes nicht stattfinden kann, oder bisher nicht geschehen ist, muß das Privilegium, bei Vermeidung des Erlöschens, binnen drei Monaten nach dem Inkrafttreten dieses Gesetzes zur Eintragung in die Eintragsrolle angemeldet und von dem Kuratorium derselben öffentlich bekannt gemacht werden.

§ **61.** Das gegenwärtige Gesetz findet Anwendung auf alle Werke inländischer Urheber, gleichviel ob die Werke im Inlande oder Auslande erschienen oder überhaupt noch nicht veröffentlicht sind.

Wenn Werke ausländischer Urheber bei Verlegern erscheinen, die im Gebiete des Norddeutschen Bundes ihre Handelsniederlassung haben, so stehen diese Werke unter dem Schutze des gegenwärtigen Gesetzes.

§ **62.** Diejenigen Werke ausländischer Urheber, welche in einem Orte erschienen sind, der zum ehemaligen Deutschen Bunde, nicht aber zum Norddeutschen Bunde, gehört, genießen den Schutz dieses Gesetzes unter

---

Zu § 61, Abs. 2. Es ist das *erste* Erscheinen gemeint. Werke ausländischer Urheber, welche zuerst im Auslande erschienen sind, genießen, abgesehen von besonderen Staatsverträgen, den Schutz des Gesetzes nicht, auch wenn sie demnächst im Inlande erscheinen (12. 6. 80) 2, 180 II, 62. — Solche Staatsverträge zum gegenseitigen Schutz der Literatur und Kunst sind abgeschlossen: mit der *Schweiz* 13. 5. 69 (B.G Bl. S. 624), erneuert 23. 5. 81 (R.G.Bl. S. 171); mit *Frankreich* 19. 4. 83 (R.G.Bl. S. 269); mit *Belgien* 12. 12. 83 (R.G.Bl. 1884 S. 173), mit *Italien* 20. 6. 84 (R.G.Bl. S. 193), mit *Großbritannien* 2. 6. 86 (R.G.Bl. S. 237). Neben diesen Verträgen besteht auf Grund der *Berner Uebereinkunft* vom 9. 9. 86 (R.G.Bl. v. 1887 S. 493) ein *internationaler Verband zum Schutze des Urheberrechts an Werken der Literatur und Kunst*, welchem außer dem Deutschen Reich und den genannten Staaten *Spanien*, *Tunis*, *Haïti* und *Liberia* angehören und später *Luxemburg* [Bekanntmachung v. 30. 7. 88 (R.G.Bl. S. 227)] beigetreten ist.

der Voraussetzung, daß das Recht des betreffenden Staates den innerhalb des Norddeutschen Bundes erschienenen Werken einen den einheimischen Werken gleichen Schutz gewährt; jedoch dauert der Schutz nicht länger als in dem betreffenden Staate selbst. Dasselbe gilt von nicht veröffentlichten Werken solcher Urheber, welche zwar nicht im Norddeutschen Bunde, wohl aber im ehemaligen Deutschen Bundesgebiete staatsangehörig sind.

Gesetz, betreffend die Inhaberpapiere mit Prämien.

Vom 8. Juni 1871.

(R.G.Bl S. 210.)

§ **1.** Auf den Inhaber lautende Schuldverschreibungen, in welchen allen Gläubigern oder einem Theile derselben außer der Zahlung der verschriebenen Geldsumme eine Prämie dergestalt zugesichert wird, daß durch Ausloosung oder durch eine andere auf den Zufall gestellte Art der Ermittelung die zu prämiirenden Schuldverschreibungen und die Höhe der ihnen zufallenden Prämie bestimmt werden sollen (Inhaberpapiere mit Prämien), dürfen innerhalb des Deutschen Reichs nur auf Grund eines Reichsgesetzes und nur zum Zwecke der Anleihe eines Bundesstaats oder des Reichs ausgegeben werden.

§ **2.** Inhaberpapiere mit Prämien, welche nach Verkündigung des gegenwärtigen Gesetzes, der Bestimmung im §. 1. zuwider, im Inlande ausgegeben sein möchten, imgleichen Inhaberpapiere mit Prämien, welche nach dem 30. April 1871. im Auslande ausgegeben sind, dürfen weder weiter begeben, noch an den Börsen, noch an anderen zum Verkehr mit Werthpapieren bestimmten Versammlungsorten zum Gegenstande eines Geschäfts oder einer Geschäftsvermittelung gemacht werden.

§ 3. Dasselbe gilt vom 15. Juli 1871. ab von ausländischen Inhaberpapieren mit Prämien, deren Ausgabe vor dem 1. Mai 1871. erfolgt ist, sofern dieselben nicht abgestempelt sind (§§. 4. 5.).

§§ 4. 5. — — —

§ 6. [L] Wer den Bestimmungen der §§. 1. 2. oder 3. zuwiderhandelt, verfällt in eine Geldstrafe, welche dem fünften Theile des Nennwerthes der den Gegenstand der Zuwiderhandlung bildenden Papiere gleichkommt, mindestens aber Einhundert Thaler betragen soll.

[A] Mit Geldstrafe bis zu Einhundert Thalern oder Gefängniß bis zu drei Monaten wird bestraft, wer ein im §. 2. oder §. 3. bezeichnetes Inhaberpapier mit Prämie öffentlich ankündigt, ausbietet oder empfiehlt, oder zur Feststellung eines Kurswerthes notirt.

Zu § 2. Das Gesetz unterscheidet zwischen Börsenverkehr und privatem Verkehr; nur bezgl. des ersteren ist der Abschluß und die Vermittelung von Geschäften aller Art mit Inhaberpapieren verboten, bezgl. des Privatverkehrs beschränkt sich das Verbot auf das „Weiterbegeben“, unter welchem nur das Uebertragen eines Inhaberpapieres auf einen Anderen zum Eigenthume zu verstehen ist. Der Ankauf im Privatverkehre enthält kein Vergehen gegen § 6, auch nicht unter dem Gesichtspunkte der Beihülfe [sog. nothwendige Theilnahme] (27. 4. 83) 8, 294 V, 294.

Gesetz über die Presse.

Vom 7. Mai 1874.

(R.G.Bl. S. 65.)

I. Einleitende Bestimmungen.

§ 1. Die Freiheit der Presse unterliegt nur denjenigen Beschränkungen, welche durch das gegenwärtige Gesetz vorgeschrieben oder zugelassen sind.

§ 2. Das gegenwärtige Gesetz findet Anwendung auf alle Erzeugnisse der Buchdruckerpresse, sowie auf alle anderen, durch mechanische oder chemische Mittel bewirkten, zur Verbreitung bestimmten Vervielfältigungen von Schriften und bildlichen Darstellungen mit oder ohne Schrift, und von Musikalien mit Text oder Erläuterungen.

Was im Folgenden von „Druckschriften" verordnet ist, gilt für alle vorstehend bezeichneten Erzeugnisse.

§ 3. Als Verbreitung einer Druckschrift im Sinne dieses Gesetzes gilt auch das Anschlagen, Ausstellen oder

---

Zu § 2. Das Gesetz findet auch auf Photographien Anwendung (29. 6. 81) 4, 362 III, 445.

Zu § 3. Ueber die verschiedenartige Bedeutung des Ausdrucks „Verbreitung" in den Reichsgesetzen [Strafgesetzbuch §§ 85, 110, 184; Urheberrecht-Gesetze; Preßgesetz] (21. 9. 80) 2, 248 II, 232; vgl. ferner Anm. zu § 19 des Sozialistengesetzes. — Verbreitung im Sinne des Preßgesetzes ist gegeben, sobald mit dem Verkaufe an einen Abnehmer der beabsichtigte Betrieb begonnen hat (23. 12. 81) 5, 357 III, 826; sie ist aber auch schon in der Aushändigung einer Anzahl von Exemplaren an den Verfasser zu finden (28. 9. 80) 2, 270 II, 269; die Grenze ist sogar noch weiter zu ziehen: die Verbreitung beginnt mit dem ersten Akte, welcher

Auslegen derselben an Orten, wo sie der Kenntnißnahme durch das Publikum zugänglich ist.

§ 4. Eine Entziehung der Befugniß zum selbständigen Betriebe irgend eines Preßgewerbes oder sonst zur Herausgabe und zum Vertriebe von Druckschriften kann weder im administrativen, noch im richterlichen Wege stattfinden.

Im Uebrigen sind für den Betrieb der Preßgewerbe die Bestimmungen der Gewerbeordnung maßgebend.

§ 5. Die nichtgewerbsmäßige öffentliche Verbreitung von Druckschriften kann durch die Ortspolizeibehörde denjenigen Personen verboten werden, welchen nach §. 57 der Gewerbeordnung ein Legitimationsschein versagt werden darf.

Zuwiderhandlungen gegen ein solches Verbot werden nach §. 148 der Gewerbeordnung bestraft.

II. Ordnung der Presse.

§ 6. Auf jeder im Geltungsbereich dieses Gesetzes erscheinenden Druckschrift muß der Name und Wohnort

---

das Preßerzeugniß Anderen zugänglich macht; sie liegt vor, sobald der Drucker die Druckschrift zwecks Weiterverbreitung aus den Händen giebt (28. 11. 87; 16, 413 IX, 671. — Ist jedoch das Moment der „Oeffentlichkeit" Voraussetzung für die Strafbarkeit einer Handlung, so ist nur diejenige Verbreitung, durch welche das Preßerzeugniß in das Publikum gelangt ist, von Bedeutung (28. 9. 80) 2, 270 II, 270.

Zu §§ 6 u. 7. Die Vorschriften haben hauptsächlich den Zweck, die Bestrafung der mittels der Presse begangenen Vergehungen zu erleichtern und zu sichern (25. 2. 82) IV, 212; (24. 6. 86) 14, 282 VIII, 485.

Die §§ bestimmen nur, was anzugeben ist, nicht, wer für die

des Druckers und, wenn sie für den Buchhandel, oder sonst zur Verbreitung bestimmt ist, der Name und Wohnort des Verlegers, oder — beim Selbstvertriebe der Druck-

---

entsprechenden Angaben zu sorgen oder für unrichtige Angaben zu haften hat. Es haftet Jeder, der die Unterlassung der Angabe oder die unrichtige Angabe durch sein schuldhaftes Handeln bewirkt hat. Gegen die Ordnungsvorschriften der §§ 6 u. 7 kann nicht nur von den in ihnen genannten Personen, sondern nach den allgemeinen Grundsätzen über Thäterschaft und Mitthäterschaft auch von jedem Dritten verstoßen werden (25. 2. 82) IV, 212; (16. 5. 82) IV, 438; (17. 6. 87) 16, 145 IX, 375; (28. 11. 87) 16, 409 IX, 668. — Daß jedesmal, wenn objektiv zuwidergehandelt ist, der Drucker dafür verantwortlich sein müsse, ist nicht gesagt (17. 6. 87) 16, 145 IX, 375.

Ein Verbot der Verbreitung von Druckschriften, welche den Ordnungsvorschriften der §§ 6 u. 7 nicht entsprechen, enthält das Gesetz nicht; in dem Verbreiten ist nicht etwa ein nach §§ 18, 19 strafbares Zuwiderhandeln gegen diese Ordnungsschriften zu finden. Etwaige landesgesetzliche Vorschriften, welche die Verbreitung solcher Druckschriften mit Strafe bedrohen, sind ungültig (28. 11. 87) 16, 409 IX, 668.

Welche Anforderungen an die Angabe des Namens und Wohnorts zu stellen sind, um sie der auf sofortige Identifizierung des Druckers rc. gerichteten Absicht des Gesetzes gemäß als hinlänglich bestimmt erscheinen zu lassen, unterliegt dem konkreten Ermessen des Instanzrichters [Es war zwar die Straße, nicht aber der Ort, wo die Wohnung sich befindet, angegeben, und der letztere nur indirekt aus dem Namen der Druckschrift zu folgern] (20. 6. 82) 6, 367.

Der Redakteur muß für die Richtigkeit und Vollständigkeit der nach § 7 hinsichtlich seiner Person zu machenden Angaben einstehen, nicht dagegen als Redakteur auch für die nach § 6 hinsichtlich des Druckers und Verlegers zu machenden Angaben, da ihm über diese vermöge seines auf die Druckherstellung und ge-

schrift — des Verfassers oder Herausgebers genannt sein. An Stelle des Namens des Druckers oder Verlegers genügt die Angabe der in das Handelsregister eingetragenen Firma.

Ausgenommen von dieser Vorschrift sind die nur zu den Zwecken des Gewerbes und Verkehrs, des häuslichen und geselligen Lebens dienenden Druckschriften, als: Formulare, Preiszettel, Visitenkarten und dergleichen, sowie Stimmzettel für öffentliche Wahlen, sofern sie nichts weiter als Zweck, Zeit und Ort der Wahl und die Bezeichnung der zu wählenden Personen enthalten.

§ 7. Zeitungen und Zeitschriften, welche in monat-

---

werbsmäßige Verbreitung des Blattes sich nicht erstreckenden Wirkungskreises eine Pflicht der Ueberwachung nicht ohne Weiteres zusteht (20. 6. 82) 6,367.

Bei verschiedenen Verstößen gegen §§ 6 u. 7 in einer Druckschrift, z. B. in derselben Nummer einer Zeitschrift, liegt Idealkonkurrenz vor (20. 6. 82) 6,367.

Zu § 6. Unter dem Drucker ist regelmäßig der Inhaber der Druckerei zu verstehen, nicht diejenige Person, durch deren unmittelbare Thätigkeit oder durch deren Handleistung die Druckschrift hergestellt worden ist. Es genügt daher, wenn an Stelle des Namens des Druckers die eingetragene Firma des Druckereigeschäfts genannt wird (25. 2. 82) IV, 212; (17. 6. 87) 16, 145 IX, 375.

Zu § 6, Abs. 2. Die Frage, ob eine Druckschrift nur einem der bezeichneten Zwecke dient, ist lediglich objektiv nach dem Inhalte und der Beschaffenheit der Druckschrift selbst zu beurtheilen; dabei können die durch die Druckschrift nicht erkennbar werdenden subjektiven Motive und Absichten der mit Herausgabe der Druckschrift befaßten Personen nicht berücksichtigt werden (24. 6. 86) 14, 279 VIII, 483.

Zu § 7. Der Begriff der Zeitung oder Zeitschrift wird

lichen oder kürzeren, wenn auch unregelmäßigen Fristen erscheinen (periodische Druckschriften im Sinne dieses Gesetzes), müssen außerdem auf jeder Nummer, jedem Stücke oder Hefte den Namen und Wohnort des verantwortlichen Redakteurs enthalten.

Die Benennung mehrerer Personen als verantwortliche Redakteure ist nur dann zulässig, wenn aus Form und Inhalt der Benennung mit Bestimmtheit zu ersehen ist, für welchen Theil der Druckschrift jede der benannten Personen die Redaktion besorgt.

§ 8. Verantwortliche Redakteure periodischer Druckschriften dürfen nur Personen sein, welche verfügungsfähig, im Besitze der bürgerlichen Ehrenrechte sind und im Deutschen Reiche ihren Wohnsitz oder gewöhnlichen Aufenthalt haben.

§ 9. Von jeder Nummer (Heft, Stück) einer periodischen Druckschrift muß der Verleger, sobald die Austheilung oder Versendung beginnt, ein Exemplar gegen eine ihm sofort zu ertheilende Bescheinigung an die Polizeibehörde des Ausgabeorts unentgeltlich abliefern.

Diese Vorschrift findet keine Anwendung auf Druckschriften, welche ausschließlich Zwecken der Wissenschaft, der Kunst, des Gewerbes oder der Industrie dienen.

§ 10. Der verantwortliche Redakteur einer periodischen Druckschrift, welche Anzeigen aufnimmt, ist verpflichtet, die ihm von öffentlichen Behörden mitgetheilten amt-

---

ausschließlich durch das periodische Erscheinen bestimmt, ohne daß es darauf ankommt, ob dieselbe nur eine bestimmte Zeit oder dauernd erscheinen soll (24. 6. 86) 14,279 VIII,483.

lichen Bekanntmachungen auf deren Verlangen gegen Zahlung der üblichen Einrückungsgebühren in eine der beiden nächsten Nummern des Blattes aufzunehmen.

§ **11.** Der verantwortliche Redakteur einer periodischen Druckschrift ist verpflichtet, eine Berichtigung der in letzterer mitgetheilten Thatsachen auf Verlangen einer betheiligten öffentlichen Behörde oder Privatperson ohne Einschaltungen oder Weglassungen aufzunehmen, sofern die Berichtigung von dem Einsender unterzeichnet ist, keinen strafbaren Inhalt hat und sich auf thatsächliche Angaben beschränkt.

Der Abdruck muß in der nach Empfang der Einsendung nächstfolgenden, für den Druck nicht bereits abgeschlossenen Nummer und zwar in demselben Theile der Druckschrift und mit derselben Schrift, wie der Abdruck des zu berichtigenden Artikels geschehen.

Die Aufnahme erfolgt kostenfrei, soweit nicht die Entgegnung den Raum der zu berichtigenden Mittheilung überschreitet; für die über dieses Maß hinausgehenden Zeilen sind die üblichen Einrückungsgebühren zu entrichten.

§ **12.** Auf die von den deutschen Reichs-, Staats- und Gemeindebehörden, von dem Reichstage oder von der Landesvertretung eines deutschen Bundesstaats aus-

---

Zu § 11. Eine durch die Berichtigung begangene Beleidigung ist aus dem Gesichtspunkte des § 193 Str.G.B.'s, dessen Schutz dem Berichtiger und dem Redakteur zusteht, zu beurtheilen (9. 10. 80) 3,40.

gehenden Druckschriften finden, soweit sich ihr Inhalt auf amtliche Mittheilungen beschränkt, die Vorschriften der §§. 6 bis 11 keine Anwendung.

§ **13.** Die auf mechanischem oder chemischem Wege vervielfältigten periodischen Mittheilungen (lithographirte, autographirte, metallographirte, durchschriebene Korrespondenzen) unterliegen, sofern sie ausschließlich an Redaktionen verbreitet werden, den in diesem Gesetze für periodische Druckschriften getroffenen Bestimmungen nicht.

§ **14.** Ist gegen eine Nummer (Stück, Heft) einer im Auslande erscheinenden periodischen Druckschrift binnen Jahresfrist zwei Mal eine Verurtheilung auf Grund der §§. 41 und 42 des Strafgesetzbuchs erfolgt, so kann der Reichskanzler innerhalb zwei Monaten nach Eintritt der Rechtskraft des letzten Erkenntnisses das Verbot der ferneren Verbreitung dieser Druckschrift bis auf zwei Jahre durch öffentliche Bekanntmachung aussprechen.

Die in den einzelnen Bundesstaaten auf Grund der Landesgesetzgebung bisher erlassenen Verbote ausländischer periodischer Druckschriften treten außer Wirksamkeit.

§ **15.** In Zeiten der Kriegsgefahr oder des Krieges können Veröffentlichungen über Truppenbewegungen oder

---

Zu § 13. Die fraglichen Korrespondenzen sind nur von den für periodische Druckschriften getroffenen Bestimmungen befreit, unterliegen dagegen den Bestimmungen, welche das Preßgesetz allgemein für die zur Verbreitung bestimmten Vervielfältigungen von Schriften trifft (20. 1. 85) 11,408, so namentlich auch der Strafbestimmung des § 21 (8. 11. 87) IX,572.

Die Korrespondenzen dürfen nicht mittels der Buchdruckerpresse vervielfältigt sein (20. 1. 85) 11,406.

Vertheidigungsmittel durch den Reichskanzler mittelst öffentlicher Bekanntmachung verboten werden.

§ 16. Oeffentliche Aufforderungen mittelst der Presse zur Aufbringung der wegen einer strafbaren Handlung erkannten Geldstrafen und Kosten, sowie öffentliche Bescheinigungen mittelst der Presse über den Empfang der zu solchen Zwecken gezahlten Beiträge sind verboten.

Das zufolge solcher Aufforderungen Empfangene oder der Werth desselben ist der Armenkasse des Orts der Sammlung für verfallen zu erklären.

§ 17. Die Anklageschrift oder andere amtliche Schriftstücke eines Strafprozesses dürfen durch die Presse nicht eher veröffentlicht werden, als bis dieselben in öffentlicher Verhandlung kund gegeben worden sind oder das Verfahren sein Ende erreicht hat.

Zu § 17. Der Ausdruck „Strafprozeß" erstreckt sich nicht auf Disziplinar- und ehrengerichtliches Strafverfahren (3. 11. 80) 3,42 II,443.

Da nach der Reichs-Strafprozeßordnung die Anklageschrift nicht verlesen wird, so darf ihre Veröffentlichung erst nach Beendigung des Verfahrens erfolgen (27. 9. 86) 14, 340. Dasselbe gilt von allen amtlichen Schriftstücken, wenn die Hauptverhandlung unter Ausschluß der Oeffentlichkeit stattgefunden hat (3. 1. 87) 15,253.

Verboten ist auch die Veröffentlichung einzelner Theile oder eines Auszuges des amtlichen Schriftstückes, und zwar auch bei nicht wortgetreuer Wiedergabe (5. 3. 83) 9,193 V,493; (31. 3. 85) VII,214. Auch ist gleichgültig, ob die Auszüge mittelbar oder unmittelbar den Schriftstücken entnommen sind (27. 9. 86) 14, 342 VIII,570.

Zu den amtlichen Schriftstücken gehören auch schriftliche Gutachten (5. 3. 83) 9, 193 V,493.

§ 18 [L. A.] Mit Geldstrafe bis zu eintausend Mark oder mit Haft oder mit Gefängniß bis zu sechs Monaten werden bestraft:

1) Zuwiderhandlungen gegen die in den §§. 14, 15, 16 und 17 enthaltenen Verbote;

2) Zuwiderhandlungen gegen die Bestimmungen der §§. 6, 7 und 8, welche durch falsche Angaben mit Kenntniß der Unrichtigkeit begangen werden.

Dieselbe Strafe trifft den Verleger einer periodischen

Bei gleichzeitiger Veröffentlichung in verschiedenen Zeitschriften ist mit jeder dieser Veröffentlichungen die Strafthat selbständig konsumirt, daher wiederholte Bestrafung nicht ausgeschlossen (27. 9. 86) 14, 342 VIII, 570.

Auch hier findet die durch § 20 gegebene Präsumtion der Thäterschaft seitens des Redakteurs einer periodischen Druckschrift Anwendung (27. 9. 86) VIII, 560.

Zu §§ 18 u. 19. Beide §§ erfordern ein Zuwiderhandeln; daraus folgt nach allgemeinen strafrechtlichen Grundsätzen, daß als Urheber der Zuwiderhandlung nur derjenige bestraft werden kann, welcher durch sein schuldhaftes Handeln den ordnungswidrigen Thatbestand verwirklicht hat (17. 6. 87) IX, 375.

Zu § 18, Ziff. 1. Die §§ 15, 16 u. 17 betreffen den Inhalt der Druckschrift; daher findet auf fahrlässige Zuwiderhandlungen gegen dieselben nicht § 18, sondern § 21 Anwendung (10. 12. 83) 9, 269 V, 764; wohl aber bei dolus eventualis (27. 9. 86) VIII, 560.

Zu § 18, Ziff. 2. Nur falsche Angaben rechtfertigen die Anwendung der schwereren Strafbestimmung, keineswegs auch Nichtangaben, bloße Verschweigungen, selbst wenn solche absichtlich geschehen; diese fallen unter § 19, Ziff. 1 (20. 6. 82) 6, 367 (371).

Druckschrift auch dann, wenn er wissentlich geschehen läßt, daß auf derselben eine Person fälschlich als Redakteur benannt wird.

§ **19** [A.] Mit Geldstrafe bis zu einhundert und fünfzig Mark oder mit Haft werden bestraft:

1) Zuwiderhandlungen gegen die §§. 6, 7 und 8, welche nicht durch §. 18 Ziffer 2 getroffen sind;
2) Zuwiderhandlungen gegen den §. 9;
3) Zuwiderhandlungen gegen die §§. 10 und 11.

In den Fällen der Ziffer 3 tritt die Verfolgung nur auf Antrag ein, und hat das Strafurtheil zugleich die Aufnahme des eingesandten Artikels in die nächstfolgende Nummer anzuordnen. Ist die unberechtigte Verweigerung im guten Glauben geschehen, so ist unter Freisprechung von Strafe und Kosten lediglich die nachträgliche Aufnahme anzuordnen.

III. Verantwortlichkeit für die durch die Presse begangenen strafbaren Handlungen.

§ **20.** Die Verantwortlichkeit für Handlungen, deren Strafbarkeit durch den Inhalt einer Druckschrift be-

---

Zu §§ 20 u. 21. Der Inhalt einer Druckschrift kann strafbar sein: entweder weil er gegen die allgemeinen Strafgesetze oder aber weil er gegen die §§ 15—17 des Preßgesetzes verstößt (10. 12. 83) 9, 270 V, 765; (27. 9. 86) VIII, 562.

Die strafbare Handlung — durch den Inhalt der Druckschrift begründet — wird begangen durch die Verbreitung derselben; der letzteren als eines nothwendigen Merkmals ist im Gesetze nicht besonders gedacht, weil die Verbreitung überhaupt ein wesentliches Moment im Thatbestande derjenigen Preßdelikte

gründet wird, bestimmt sich nach den bestehenden allgemeinen Strafgesetzen.

Ist die Druckschrift eine periodische, so ist der verantwortliche Redakteur als Thäter zu bestrafen, wenn

---

ist, welche in strafgesetzwidriger Gedankenäußerung bestehen (23. 12. 81) 5, 356 III, 827. — Ueber den Begriff der „Verbreitung" vgl. Anm. zu § 3.

Annahme von Realkonkurrenz für eine durch Veröffentlichung eines und desselben Zeitungsartikels begangene Mehrheit von Rechtsverletzungen zulässig (16. 3. 81) 3, 434.

Durch die §§ 20, 21 ist die Vertretung der Zeitung lediglich als Pflicht, nicht als Recht des Redakteurs statuirt, sie gewähren keine rechtliche Präsumtion dafür, daß der verantwortliche Redakteur der durch die Angriffe gegen seine Zeitung Beleidigte und deshalb antragsberechtigt ist (4. 12. 85) 13, 126 VII, 718.

Zu § 20, Abs. 2. Der Redakteur einer Zeitung haftet auch für den Inseratentheil, wenn dafür kein besonderer Redakteur zeichnet (26. 4. 80) 2, 28 I, 673. — Die Aufnahme einer selbständig erscheinenden Zeitung als Beilage zu einer anderen Zeitung macht erstere zu einem Bestandtheile der aufnehmenden Zeitung und den Redakteur dieser letzteren auch für den Inhalt der aufgenommenen Beilage verantwortlich (23. 12. 81) 5, 314 III, 823. Dabei ist gleichgültig, ob die Beilage als solche im Hauptblatt bezeichnet ist oder nicht (22. 9. 82) 7, 45; es sei denn, daß das Beilegen auf Handlungen zurückzuführen ist, die weder ein vorsätzliches noch fahrlässiges Verhalten des Redakteurs ergeben (2. 2. 83) V, 82.

Die besondere Verantwortlichkeit des Redakteurs bezieht sich nur auf den Inhalt der periodischen Druckschrift, dagegen auf die neben dem Inhalte herlaufenden Angaben auf, nicht in der Druckschrift (§§ 6, 7) nur insoweit, als diese Angaben ihm selbst obliegen. Die Stellung des Redakteurs erklärt sich aus seiner Thätigkeit; er sammelt, ordnet und verarbeitet das zu druckende Material und ist insofern der geistige Urheber der einzelnen Nummern oder Hefte der Zeitschrift als Ganzes (20. 6. 82) 6, 369. Er allein

nicht durch besondere Umstände die Annahme seiner Thäterschaft ausgeschlossen wird.

---

hat zu bestimmen, welcher literarische Stoff zur Veröffentlichung durch seine Zeitschrift gelangen soll; daraus ergibt sich für ihn die Verpflichtung, denselben vor der Veröffentlichung seinem Inhalte nach gehörig zu prüfen und jede Publikation strafbaren Inhalts zurückzuhalten. Lediglich aus dem Zuwiderhandeln gegen diese Prüfungspflicht resultirt dasjenige schuldhafte Verhalten, welches die Verurtheilung des Redakteurs als „Thäter" zur Folge hat (24. 11. 84) 11,317 VI,757.

Die Strafbarkeit des Redakteurs ist sonach vorhanden, wenn der Inhalt der periodischen Druckschrift oder eines Theiles derselben den objektiven Thatbestand einer mit Strafe bedrohten Handlung erfüllt und feststeht, daß der Angeklagte die periodische Druckschrift oder den betreffenden Theil derselben als verantwortlicher Redakteur gezeichnet hat. Einer ausdrücklichen Feststellung der Voraussetzungen des subjektiven Thatbestandes bedarf es zur Verurtheilung des Redakteurs regelmäßig nicht, da in dieser Beziehung die gesetzliche Präsumtion Platz greift (7. 12. 81) 5,303; (22. 4. 87) 16,18 IX,274. Letztere beruht auf der Erwägung, daß die vom Redakteur abhängige Aufnahme des Inhalts der periodischen Druckschrift und die Verbreitung desselben eine Reproduktion dieses Inhalts darstellt in der Weise, daß der Redakteur diejenigen Artikel, welche von Anderen herrühren, sich aneignet und durch seinen Willen dem Publikum zugänglich macht, daher dem Verfasser gleich zu achten ist. Zur Beseitigung dieser gesetzlichen Vermuthung genügt nicht der Nachweis, daß der Redakteur von dem Inhalte vor der Veröffentlichung keine Kenntniß hatte; es bedarf vielmehr der Feststellung außergewöhnlicher Umstände des einzelnen Falles, welche außerhalb des Willens des Redakteurs liegen, auch nicht durch seine Fahrlässigkeit herbeigeführt sind (14. 11. 79) 1,15 I,65; (6. 4. 80) I,541; (26. 4. 80) 2,29 I,673; (19. 4. 82) IV,352; (24. 11. 84) 11, 318 VI, 758; (13. 4. 85) 12,295; (4. 12. 85) 13,128 VII,720; (14. 1. 86) VIII,59; (22. 4. 87)

IX, 277. Als ein solcher außergewöhnlicher Umstand ist es anzusehen, wenn gegen den Willen des Redakteurs in die Druckschrift ein anderer Inhalt gelangt, als der von ihm bestimmte, z. B. durch willkürlich vom Drucker vorgenommene Veränderung des vom Redakteur geprüften und gebilligten Textes (13. 4. 85) 12, 204, oder wenn der Redakteur trotz gewissenhafter Prüfung die Strafbarkeit des Artikels nicht erkannt hat, oder wenn er ohne Vorsatz und ohne Fahrlässigkeit an der Erfüllung seiner Pflichten als Redakteur gehindert worden ist (14. 1. 86) VIII, 60. Krankheit entlastet den Redakteur nur, wenn sie ihn verhindert hat, seinen Redaktionsgeschäften nachzukommen, insbesondere zu bestimmen, was veröffentlicht werden soll (24. 11. 84) 11, 316 VI, 756; vgl. (5. 2. 84) 10, 82 VI, 87 [wo die Verurtheilung des Redakteurs wegen Fahrlässigkeit nach § 21 gebilligt ist, weil er während seiner Krankheit weder um die Redaktion der Zeitung sich gekümmert noch für eine ordnungsmäßige Vertretung Sorge getragen hat]. Dagegen entlasten ihn niemals: der große Geschäftsumfang der Redaktion (19. 4. 82) IV, 352; die bei der Redaktion bestehende Geschäftsvertheilung (26. 4. 80) 2, 28 I, 673, speziell Abgabe eines Theiles der Redaktionsgeschäfte an eine, wenngleich sorgsam ausgewählte, jedoch als Redakteur auf dem Blatte nicht genannte Person (6. 4. 80) I, 542; (19. 4. 82) IV, 353; Reise oder Dispensation von den Redaktionsgeschäften (14. 11. 79) 1, 14 I, 65; freiwillige Enthaltung von der Redaktionsthätigkeit im Einzelfalle, welche sich vielmehr als Eventual-Vorsatz kennzeichnet (24. 6. 84) VI, 463; Nichterkennen des wirklichen Sinnes oder der Tragweite des Artikels infolge flüchtiger Kenntnißnahme oder infolge Mangel an Bildung oder Verstand (16. 3. 81) 3, 434; (19. 4. 82) IV, 352; (22. 4. 87) 16, 16 IX, 272.

Die Präsumtion des Abs. 2 erstreckt sich nur auf die Thäterschaft, nicht auch auf den bösen Vorsatz des als „Thäter" zu bestrafenden Redakteurs dergestalt, daß jeder Satz und jedes Wort in der Druckschrift in dem denkbar schlimmsten, strafbarsten Sinne verstanden werden müßte (4. 10. 88) 18, 145.

Für die Verantwortlichkeit des Redakteurs als präsumtiven

Thäters kommt es nicht darauf an, ob neben ihm noch ein physischer Thäter („Thäter" im gewöhnlichen Sinne des Wortes) existirt oder zur Verantwortung gezogen werden kann (4. 3. 82) IV, 228. Ist letzteres der Fall, so sind Verfasser und Redakteur als Mitthäter anzusehen (15. 11. 83) 9, 186 V, 688, nicht etwa der Redakteur als Gehülfe des Verfassers (14. 1. 86) VIII, 57. — Die rechtzeitige Benennung des wirklichen Thäters (§ 21, Abs. 2) befreit den Redakteur, sobald § 20 Platz greift, nicht von der Bestrafung (26. 4. 80) 2, 30 I, 674. — Neben dem Verfasser und dem Redakteur können auch die übrigen in § 21 aufgezählten Personen gegebenenfalls nach den Bestimmungen der §§ 47—49 Str.G.B. als Thäter oder Theilnehmer verantwortlich gemacht werden [vgl. den ausdrücklichen Vorbehalt der Anwendung des § 20 in § 21] (21. 6. 81) 4, 300; (11. 5. 86) VIII, 355.

Der Redakteur kann in seiner Person begründete Strafausschließungsgründe (Str.G.B. § 59) geltend machen (28. 3. 84) 10, 229; (14. 1. 86) VIII, 60; in dem bloßen Bestreiten des Bewußtseins der strafbaren Handlung ist jedoch eine präzisirte Behauptung eines Strafausschließungsgrundes (Str.Pr.Ord. § 266) nicht enthalten (28. 3. 84) 10, 229.

Anwendung des § 193 Str.G.B.'s in Bezug auf die Presse: Ein allgemeines Recht der Presse, vermeintliche Uebelstände öffentlich zu rügen und jedes Vorkommniß, auch wenn es Andere in ihrer Ehre verletzt, in die Oeffentlichkeit zu bringen, existirt nicht (28. 1. 81) 3, 305; (16. 12. 81) 5, 239 III, 808; (19. 10. 84) VI, 616; es muß eine konkrete nähere Beziehung zu den wahrgenommenen speziellen Interessen bestehen (22. 1. 80) I, 260. In der bloßen Vertheidigung einer Ansicht oder Meinung liegt noch nicht die Vertheidigung eines Rechtes oder die Wahrnehmung eines berechtigten Interesses (16. 12. 81) 5, 241 III, 808. — Die Tendenz der Zeitung begründet für den Redakteur keinen Anspruch auf den Schutz des § 193; auch die Zugehörigkeit zu einer bestimmten Kirche schafft allein keine Befugniß zur Abwehr vermeintlicher Angriffe auf diese Kirche (19. 10. 84) VI, 615.

Berichte über öffentliche Gerichtsverhandlungen

§ 21 [L.] Begründet der Inhalt einer Druckschrift den Thatbestand einer strafbaren Handlung, so sind
der verantwortliche Redakteur,
der Verleger,
der Drucker,
derjenige, welcher die Druckschrift gewerbsmäßig vertrieben oder sonst öffentlich verbreitet hat (Verbreiter),

---

unterliegen keiner anderen Beurtheilung, als sonstige Veröffentlichungen durch die Presse; ein Rechtsgrundsatz für ihre Straffreiheit — etwa als eine Folge der für die Hauptverhandlung regelmäßig vorgeschriebenen Oeffentlichkeit — besteht nicht. Aus der Art der Veröffentlichung kann die Beleidigung sich ergeben (22. 11. 79) 1,19 I,89; (28. 1. 81) 3,303. Insbesondere kann die Reproduktion einer Beleidigung im Berichte über den Beleidigungsprozeß eine neue Beleidigung begründen (28. 1. 81) 3,304; (4. 10. 81) 5,48 [Majestätsbeleidigung].

Zu § 21. Dieser § enthält eine den allgemeinen Strafgesetzen fremde, ausschließlich auf den Betrieb des Preßgewerbes bezügliche Strafvorschrift, indem er den verantwortlichen Redakteur und andere berufsmäßig mit der Presse beschäftigte Personen selbst da, wo sie nicht als Thäter oder Theilnehmer zu bestrafen sind, verantwortlich macht. Das Gesetz hat somit in der Herstellung und Verbreiteng einer gegen das Strafgesetz verstoßenden Druckschrift eine „selbständige culpa" gefunden, die außerhalb des Rahmens des Strafgesetzes zu bestrafen ist, uud darnach ein besonderes, dem Preßgewerbe eigenthümliches Fahrlässigkeitsdelikt geschaffen. § 21 straft deshalb auch nicht wegen der in der Druckschrift enthaltenen strafbaren Handlung, sondern „wegen Fahrlässigkeit", und zwar mit einer Strafe, welche allein aus dem § 21 selbst zu entnehmen ist und die hier gezogenen Grenzen nicht überschreiten darf ohne Rücksicht auf das durch den Inhalt begründete Delikt. So ist beispielsweise die Verhängung der Strafe des § 200 Str.G.B.'s (Publikationsbefugniß) im

soweit sie nicht nach §. 20 als Thäter oder Theilnehmer zu bestrafen sind, wegen Fahrlässigkeit mit Geldstrafe bis zu eintausend Mark oder mit Haft oder mit Festungshaft oder Gefängniß bis zu einem Jahre zu belegen, wenn sie nicht die Anwendung der pflichtgemäßen Sorgfalt oder Umstände nachweisen, welche diese Anwendung unmöglich gemacht haben.

Die Bestrafung bleibt jedoch für jede der benannten Personen ausgeschlossen, wenn sie als den Verfasser oder den Einsender, mit dessen Einwilligung die Veröffentlichung geschehen ist, oder, wenn es sich um eine nicht periodische Druckschrift handelt, als den Herausgeber derselben, oder als einen der in obiger Reihenfolge vor ihr

---

Hinblick auf eine in der Druckschrift enthaltene Beleidigung bei einer Verurtheilung aus § 21 „wegen Fahrlässigkeit" rechtsirrthümlich (2. 2. 86) 13, 319 VIII, 107.

Es genügt für das Fahrlässigkeitsdelikt, wenn der objektive Thatbestand einer strafbaren Handlung durch die Druckschrift gegeben ist. Gleichgültig ist, ob der Urheber des strafbaren Inhalts dolos handelte, sowie ob er zu ermitteln bezw. zur Verantwortung zu ziehen ist oder nicht (23. 12. 81) 5, 356 III, 828.

Die Verfolgung des Nachmannes „wegen Fahrlässigkeit" ist ausgeschlossen, sobald — auch ohne Zuthun desselben — ein haftbarer Vormann ermittelt ist (21. 6. 81) 4, 300; (23. 12. 81) 5, 360 III, 831. Dagegen befreit die Ermittelung des Vormanns nicht von der Bestrafung als Thäter oder Theilnehmer auf Grund der allgemeinen Strafgesetze (21. 6. 81) 4, 300.

Verleger im Sinne des § 21 ist derjenige, welcher die Verlagsthätigkeit ausgeübt hat, also auch der Geschäftsführer oder sonstige Stellvertreter, nicht aber der Eigenthümer des Verlagsgeschäfts als solcher. Ueberhaupt sind Verleger, Drucker und ge-

Benannten eine Person bis zur Verkündigung des ersten Urtheils nachweist, welche in dem Bereich der richterlichen Gewalt eines deutschen Bundesstaats sich befindet, oder falls sie verstorben ist, sich zur Zeit der Veröffentlichung befunden hat; hinsichtlich des Verbreiters ausländischer Druckschriften außerdem, wenn ihm dieselben im Wege des Buchhandels zugekommen sind.

IV. Verjährung.

§ 22. Die Strafverfolgung derjenigen Verbrechen und Vergehen, welche durch die Verbreitung von Druckschriften strafbaren Inhalts begangen werden, sowie derjenigen

---

werbsmäßiger Verbreiter nur wegen ihrer Thätigkeit verantwortlich, während eine formelle Verantwortlichkeit nur für den Redakteur aus seiner besonderen Stellung hergeleitet wird (23. 12. 81) 5, 358 III, 830; (9. 7. 89) 19, 358.

Im Gegensatz zu § 20, Abs. 2 betrifft § 21 auch nicht periodische Druckschriften, findet daher auch auf die in § 13 bezeichneten autographirten und ähnlichen Korrespondenzen Anwendung (8. 11. 87) IX, 572.

Ein fahrlässiger Verstoß gegen die §§ 15—17 fällt, weil im Inhalt der Druckschrift begründet, unter die Strafbestimmung des § 21; § 18 bestraft nur vorsätzliche Zuwiderhandlung gegen die genannten Bestimmungen (10. 12. 83) 9, 269 V, 764.

Zu § 22. Abgesehen von der kürzeren Verjährungsfrist finden die Bestimmungen des Strafgesetzbuchs über die Verjährung Anwendung (24. 3. 81) 4, 216.

Der Schutz der kurzen Verjährungsfrist wird nicht etwa nur dem, welcher die Druckschrift verbreitet hat (dem „Verbreiter“ im Sinne des § 21), sondern Allen gewährt, welche für den Inhalt derselben verantwortlich gemacht werden können (23. 2. 80) I, 373.

Die einzelnen successiven Akte, welche durch Verlag und Ver-

sonstigen Vergehen, welche in diesem Gesetze mit Strafe bedroht sind, verjährt in sechs Monaten.

V. Beschlagnahme.

§ 23. Eine Beschlagnahme von Druckschriften ohne richterliche Anordnung findet nur statt:

1) wenn eine Druckschrift den Vorschriften der §§. 6 und 7 nicht entspricht, oder den Vorschriften des §. 14 zuwider verbreitet wird,
2) wenn durch eine Druckschrift einem auf Grund des §. 15 dieses Gesetzes erlassenen Verbot zuwider gehandelt wird,
3) wenn der Inhalt einer Druckschrift den Thatbestand einer der in den §§. 85, 95, 111, 130 oder 184 des deutschen Strafgesetzbuchs mit Strafe bedrohten Handlungen begründet, in den Fällen der §§. 111 und 130 jedoch nur dann, wenn dringende Gefahr besteht, daß bei Verzögerung der Beschlagnahme die Aufforderung oder Anreizung ein Verbrechen oder Vergehen unmittelbar zur Folge haben werde.

---

trieb einer Druckschrift bedingt sind, können als eine einzige selbständige Handlung angesehen werden; es beginnt dann die Verjährung mit dem letzten Verbreitungsakte (30. 9. 87) IX, 483

Zu § 23. Bei Druckschriften, deren Inhalt nicht eine strafbare Handlung ergibt, sondern bei denen nur gegen eine formale Vorschrift des Preßgesetzes verstoßen ist, kann zwar die, einen wesentlich präventiven Charakter tragende Beschlagnahme angeordnet, nicht aber die Unbrauchbarmachung (Str.G.B. § 41) ausgesprochen werden (8. 3. 82) IV, 235.

§ **24.** Ueber die Bestätigung oder Aufhebung der vorläufigen Beschlagnahme hat das zuständige Gericht zu entscheiden.

Diese Entscheidung muß von der Staatsanwaltschaft binnen vierundzwanzig Stunden nach Anordnung der Beschlagnahme beantragt und von dem Gericht binnen vierundzwanzig Stunden nach Empfang des Antrags erlassen werden.

Hat die Polizeibehörde die Beschlagnahme ohne Anordnung der Staatsanwaltschaft verfügt, so muß sie die Absendung der Verhandlungen an die letztere ohne Verzug und spätestens binnen zwölf Stunden bewirken. Die Staatsanwaltschaft hat entweder die Wiederaufhebung der Beschlagnahme mittelst einer sofort vollstreckbaren Verfügung anzuordnen, oder die gerichtliche Bestätigung binnen zwölf Stunden nach Empfang der Verhandlungen zu beantragen.

Wenn nicht bis zum Ablaufe des fünften Tages nach Anordnung der Beschlagnahme der bestätigende Gerichtsbeschluß der Behörde, welche die Beschlagnahme angeordnet hat, zugegangen ist, erlischt die letztere und muß die Freigabe der einzelnen Stücke erfolgen.

§ **25.** Gegen den Beschluß des Gerichts, welcher die vorläufige Beschlagnahme aufhebt, findet ein Rechtsmittel nicht statt.

§ **26.** Die vom Gericht bestätigte, vorläufige Beschlagnahme ist wieder aufzuheben, wenn nicht binnen zwei Wochen nach der Bestätigung die Strafverfolgung in der Hauptsache eingeleitet worden ist.

§ 27. Die Beschlagnahme von Druckschriften trifft die Exemplare nur da, wo dergleichen zum Zwecke der Verbreitung sich befinden. Sie kann sich auf die zur Vervielfältigung dienenden Platten und Formen erstrecken; bei Druckschriften im engeren Sinne hat auf Antrag des Betheiligten statt Beschlagnahme des Satzes das Ablegen des letzteren zu geschehen.

Bei der Beschlagnahme sind die dieselbe veranlassenden Stellen der Schrift unter Anführung der verletzten Gesetze zu bezeichnen. Trennbare Theile der Druckschrift (Beilagen einer Zeitung ꝛc.), welche nichts Strafbares enthalten, sind von der Beschlagnahme auszuschließen.

§ 28. Während der Dauer der Beschlagnahme ist die Verbreitung der von derselben betroffenen Druckschrift oder der Wiederabdruck der die Beschlagnahme veranlassenden Stellen unstatthaft.

[L. A.] Wer mit Kenntniß der verfügten Beschlagnahme dieser Bestimmung entgegenhandelt, wird mit Geldstrafe bis fünfhundert Mark oder mit Gefängniß bis zu sechs Monaten bestraft.

§ 29. — — —

IV. Schlußbestimmungen.

§ 30. Die für Zeiten der Kriegsgefahr, des Krieges, des erklärten Kriegs- (Belagerungs-) Zustandes oder innerer Unruhen (Aufruhrs) in Bezug auf die Presse bestehenden besonderen gesetzlichen Bestimmungen bleiben auch diesem Gesetze gegenüber bis auf Weiteres in Kraft.

Das Recht der Landesgesetzgebung, Vorschriften über

das öffentliche Anschlagen, Anheften, Ausstellen, sowie die öffentliche, unentgeltliche Vertheilung von Bekanntmachungen, Plakaten und Aufrufen zu erlassen, wird durch dieses Gesetz nicht berührt.

— — —

§ **31.** Dieses Gesetz tritt am 1. Juli 1874 in Kraft. Seine Einführung in Elsaß-Lothringen bleibt einem bebesonderen Gesetze vorbehalten.

Gesetz über Markenschutz.

Vom 30. November 1874.

(R.G.Bl. S. 143.)

§ **1.** Gewerbetreibende, deren Firma im Handelsregister eingetragen ist, können Zeichen, welche zur Unterscheidung ihrer Waaren von den Waaren anderer Gewerbetreibenden auf den Waaren selbst oder auf deren Verpackung angebracht werden sollen, zur Eintragung in das Handelsregister des Ortes ihrer Hauptniederlassung bei dem zuständigen Gerichte anmelden.

Zu § 1. Die Bedeutung der Waarenzeichen liegt in der dem Publikum gebotenen Sicherheit, daß die von ihm begehrte Waare aus einer bestimmten geschätzten Erzeugungsquelle oder Handelsstelle herrührt (2. 7. 85) 12, 328; (24. 6. 89) 19, 318.

Der Erwerb mehrerer Schutzmarken für dieselbe Waarengattung zu wahlweiser Verwendung ist zulässig (30. 4. 80) I, 702; (11. 2. 82) 6, 31 IV, 158. — Ob bei Anmeldung mehrerer Schutzmarken diese einzeln oder nur in ihrer Vereinigung den Schutz des Gesetzes genießen, hängt nicht sowohl von der bei der Anmeldung ver-

§ **2.** Der Anmeldung muß eine deutliche Darstellung des Waarenzeichens (§. 1) nebst einem Verzeichniß der Waarengattungen, für welche das Zeichen bestimmt ist, mit der Unterschrift der Firma versehen, beigefügt sein.

§ **3.** Die Eintragung von Waarenzeichen, deren Benutzung für den Anmeldenden landesgesetzlich geschützt ist, ferner von solchen Zeichen, welche bis zum Beginn des Jahres 1875 im Verkehr allgemein als Kennzeichen der Waaren eines bestimmten Gewerbetreibenden gegolten haben, darf nicht versagt werden.

Im Uebrigen ist die Eintragung zu versagen, wenn die Zeichen ausschließlich in Zahlen, Buchstaben oder Worten bestehen, oder wenn sie öffentliche Wappen oder Aergerniß erregende Darstellungen enthalten.

---

folgten Absicht des Anmeldenden, als von der Art der Eintragung in das Register ab (11. 2. 82) 6,28 IV,155; (6. 11. 82) 7,215.

Auch Etiketten können Waarenzeichen sein (29. 3. 86) 14,59.

Zu § 3, Abs. 2. Preismedaillen, insbesondere in Verbindung mit Worten, können als Waarenzeichen benutzt werden (6. 11. 82) 7,214.

Oeffentliche Wappen und Aergerniß erregende Darstellungen dürfen weder allein noch in Verbindung mit anderen figürlichen Momenten 2c., wenn auch nur als ein untergeordneter Bestandtheil, in dem Waarenzeichen enthalten sein (28. 4. 84) 10,353 VI,308.

Motiv für das Verbot der Aufnahme eines öffentlichen Wappens in ein Waarenzeichen ist die Unzulässigkeit der privaten Spekulation unter dem Zeichen einer öffentlichen Autorität (28. 4. 84) 10,356 VI,311.

Nur die Verwendung inländischer öffentlicher Wappen ist

§ 4. Die Eintragung erfolgt unter der Firma des Anmeldenden. Die Zeit der Anmeldung ist dabei zu vermerken. Gelangt ein bereits eingetragenes Waarenzeichen aus Anlaß der Verlegung der Hauptniederlassung wiederholt zur Eintragung, so ist dabei die Zeit der ersten Anmeldung zu vermerken.

§ 5. Auf Antrag des Inhabers der Firma wird das eingetragene Waarenzeichen gelöscht.

Von Amtswegen erfolgt die Löschung:

1) wenn die Firma im Handelsregister gelöscht wird;
2) wenn eine Aenderung der Firma und nicht zugleich die Beibehaltung des Zeichens angemeldet wird;
3) wenn seit der Eintragung des Zeichens, ohne daß dessen weitere Beibehaltung angemeldet worden, oder seit einer solchen Anmeldung, ohne daß dieselbe wiederholt worden, zehn Jahre verflossen sind;
4) wenn das Zeichen nach §. 3 nicht hätte eingetragen werden dürfen.

§ 6. Die erste Eintragung und die Löschung eines Zeichens wird im „Deutschen Reichs-Anzeiger" bekannt gemacht.

Die Kosten der Bekanntmachung der Eintragung hat der Inhaber der Firma zu tragen.

---

verboten (19. 1. 88) 17, 84 X, 43. Auch die Wappen von Provinzen, Gemeinden und ähnlichen korporativen Verbänden sind öffentliche Wappen (28. 4. 84) 10, 358 VI, 312; (19. 1. 88) 17, 86 X, 45.

§ **7.** Für die erste Eintragung eines Zeichens, welches landesgesetzlich nicht geschützt ist, wird eine Gebühr von fünfzig Mark entrichtet.

Von der Entrichtung einer Gebühr für die Eintragung solcher Zeichen, welche bis zum Beginn des Jahres 1875 im Verkehr allgemein als Kennzeichen der Waaren eines bestimmten Gewerbetreibenden gegolten haben, können die Landesregierungen entbinden.

Andere Eintragungen und Löschungen geschehen unentgeltlich.

§ **8.** Das Recht, Waaren oder deren Verpackung mit einem für diese Waaren zum Handelsregister angemeldeten Zeichen zu versehen oder auf solche Art bezeichnete Waaren in Verkehr zu bringen, steht dem Inhaber derjenigen Firma, für welche zuerst die Anmeldung bewirkt ist, ausschließlich zu.

§ **9.** Auf Waarenzeichen, welche landesgesetzlich geschützt sind, ferner auf solche Zeichen, welche bis zum Beginn des Jahres 1875 im Verkehr allgemein als Kennzeichen der Waaren eines bestimmten Gewerbetreibenden gegolten haben, kann durch die Anmeldung außer den gesetzlich geschützten oder im Verkehr allgemein anerkannten Inhabern niemand ein Recht erwerben, sofern diese vor dem 1. Oktober 1875 die Anmeldung bewirken.

§ **10.** Durch die Anmeldung eines Waarenzeichens, welches Buchstaben oder Worte enthält, wird niemand gehindert, seinen Namen oder seine Firma, sei es auch in abgekürzter Gestalt, zur Kennzeichnung seiner Waaren zu gebrauchen.

Auf Waarenzeichen, welche bisher im freien Gebrauche aller oder gewisser Klassen von Gewerbetreibenden sich befunden haben, oder deren Eintragung nicht zulässig ist, kann durch Anmeldung niemand ein Recht erwerben.

§ 11. Der Inhaber einer Firma, für welche ein Waarenzeichen eingetragen ist, hat dasselbe auf Verlangen desjenigen, welcher ihn von der Benutzung des Zeichens auszuschließen berechtigt ist, oder sofern das Waarenzeichen zu den im §. 10 Absatz 2 erwähnten gehört, auf Verlangen eines Betheiligten löschen zu lassen.

§ 12. Das durch die Anmeldung eines Waarenzeichens erlangte Recht erlischt:

1) mit der Zurücknahme der Anmeldung, oder mit dem Antrage auf Löschung seitens des Inhabers der berechtigten Firma;

Zu § 10, Abs. 2. Die Bestimmung hat nur den Fall im Auge, wo das Freizeichen für sich oder mit unwesentlichen Aenderungen als Waarenzeichen dienen soll, nicht aber jenen, da dasselbe in Verbindung mit anderen Zeichen oder Worten als Waarenzeichen angemeldet, mithin als Bestandtheil eines Waarenzeichens verwendet wird (6. 11. 82) 7, 218.

Mißbräuchliche, wenn auch langjährige Benutzung, kann die Annahme „freien Gebrauchs" nicht begründen (23. 2. 80) 1, 218 I, 373; (30. 4. 80) I, 701.

Einer Feststellung, daß die geschützten Zeichen sich vor der Anmeldung nicht in freiem Verkehr befunden hatten, bedarf es nicht ohne besondere Veranlassung (24. 12. 79) 1, 130 I, 175; (19. 11. 81) III, 719.

2) mit dem Eintritte eines der im §. 5 Nr. 1 bis 3 bezeichneten Fälle.

§ **13.** Jeder inländische Produzent oder Handeltreibende kann gegen denjenigen, welcher Waaren oder deren Verpackung mit einem für den Ersteren nach Maßgabe dieses Gesetzes zu schützenden Waarenzeichen oder mit dem Namen oder der Firma des Ersteren widerrechtlich bezeichnet, im Wege der Klage beantragen, daß derselbe für nicht berechtigt erklärt werde, diese Bezeichnung zu gebrauchen.

Desgleichen kann der Produzent oder Handeltreibende gegen denjenigen, welcher dergleichen widerrechtlich bezeichnete Waaren in Verkehr bringt oder feilhält, im Wege der Klage beantragen, daß derselbe für nicht berechtigt erklärt werde, so bezeichnete Waaren in Verkehr zu bringen oder feil zu halten.

§ **14.** [L.] Wer Waaren oder deren Verpackung wissentlich mit einem nach Maßgabe dieses Gesetzes zu schützen-

---

Zu § 14. Die eine Täuschung bezweckende Anfertigung eines Waarenzeichens ist allenfalls strafloser Versuch; erst die Verbindung der Waare, gleichviel ob sie verpackt ist oder nicht, mit dem auf Täuschung berechneten Zeichen vollendet die strafbare Handlung. Die widerrechtliche Bezeichnung der Verpackung als solcher ist nicht strafbar, sie muß Waare enthalten (4. 3. 86) 13, 388.

Derjenige, welcher das für eine besondere Waarengattung bestimmte Waarenzeichen eines Produzenten zur Bezeichnung anderer von demselben Produzenten bezogener Waaren benutzt, macht sich strafbar (13. 5. 81) 4, 171 III, 296.

Die Beifügung der eigenen Firma oder eines eigenen Zeichens zu nachgeahmten und geschützten fremden Waarenzeichen schließt

den Waarenzeichen, oder mit dem Namen oder der Firma eines inländischen Produzenten oder Handeltreibenden widerrechtlich bezeichnet, oder wissentlich dergleichen widerrechtlich bezeichnete Waaren in Verkehr

---

die Bestrafung nicht aus (24. 12 79) 1, 130 I, 175; ebensowenig das Aufdrucken eines Stempels, solange noch die Individualität des fremden Waarenzeichens erkennbar ist (23. 9. 86) 14, 415.

Der Strafrichter hat trotz der erfolgten Eintragung des Waarenzeichens zu prüfen, ob dasselbe schutzberechtigt ist (19. 1. 81) III, 718; (28. 4. 84) 10, 353 VI, 308.

Die Firma ist nur in dem in das Handelsregister eingetragenen Wortlaut resp. mit solchen Zusätzen oder Abänderungen, welche ohne besondere Aufmerksamkeit nicht wahrnehmbar sind (§ 18) geschützt (26. 4. 88) X, 344.

Für die Strafbarkeit der zweiten Alternative — des Inverkehrbringens — ist nur erforderlich, daß die Bezeichnung der Waare zur Zeit des Inverkehrbringens, nicht zur Zeit der Vornahme der Bezeichnung, objektiv widerrechtlich war und hiervon derjenige, welcher die Waare in Verkehr brachte, Kenntniß hatte (30. 9. 81) 5, 106.

Das vom Gesetz erforderte Wissen ist vorhanden mit der Kenntniß der thatsächlichen Voraussetzungen, in denen das Gesetz den Thatbestand der strafbaren Handlung findet, also mit der Kenntniß des Bestehens des Schutzrechts eines anderen Gewerbtreibenden und der Kenntniß fehlenden eigenen Rechts zur Benutzung der für den ersteren geschützten Marke zur Bezeichnung der Waarengattungen, auf welche sich der Schutz bezieht. Bei dem Vorhandensein dieses Wissens vermag eine auf irrthümlicher Auffassung des Strafgesetzes selbst beruhende Annahme nicht widerrechtlichen, straflosen Handelns den strafrechtlichen Dolus nicht auszuschließen (18. 9. 84) 11, 90 VI, 547. — Dolus eventualis genügt auch hier (18. 4. 82) 6, 273 IV, 346 (23. 9. 86) 14, 419.

Eine frühere Verurtheilung aus § 14 schließt nicht eine nochmalige Verurtheilung wegen gleichartiger Vergehen aus, die vor

bringt oder feilhält, wird mit Geldstrafe von einhundertfünfzig bis dreitausend Mark oder mit Gefängniß bis zu sechs Monaten bestraft und ist dem Verletzten zur Entschädigung verpflichtet.

Die Strafverfolgung tritt nur auf Antrag ein.

§ **15.** Statt jeder aus diesem Gesetze entspringenden Entschädigung kann auf Verlangen des Beschädigten neben der Strafe auf eine an ihn zu erlegende Buße bis zum Betrage von fünftausend Mark erkannt werden. Für diese Buße haften die zu derselben Verurtheilten als Gesammtschuldner.

Eine erkannte Buße schließt die Geltendmachung eines weiteren Entschädigungsanspruchs aus.

§ **16.** Darüber, ob ein Schaden entstanden ist, und wie hoch sich derselbe beläuft, entscheidet das Gericht unter Würdigung aller Umstände nach freier Ueberzeugung.

§ **17.** Erfolgt eine Verurtheilung auf Grund des §. 14, so ist auf Antrag des Verletzten bezüglich der im Besitze des Verurtheilten befindlichen Waaren auf Vernichtung der Zeichen auf der Verpackung oder den

---

dem Zeitpunkt des ersten Urtheils liegen, aber nicht Gegenstand der ersten Anklage gewesen sind (30. 9. 81) 5,106.

Zu § 14, Abs. 2. Es genügt, wenn der Strafantrag mit der Firma, und nicht mit dem persönlichen Namen des Firmeninhabers unterzeichnet ist (6. 12. 86) 15,293 VIII, 726.

Zu § 15. Solidarhaft tritt nur ein, wenn die Buße für ein und dieselbe Handlung mehrerer Thäter und Theilnehmer festgesetzt worden ist, nicht aber, wenn in einem Verfahren jede von mehreren Personen wegen einer anderen gleichartigen Handlung zur Buße verurtheilt ist (19. 11. 81) 5, 251 III, 718.

Waaren, oder, wenn die Beseitigung der Zeichen in anderer Weise nicht möglich ist, auf Vernichtung der Verpackung oder der Waaren selbst zu erkennen.

Erfolgt die Verurtheilung im Strafverfahren, so ist dem Verletzten die Befugniß zuzusprechen, die Verurtheilung auf Kosten des Verurtheilten öffentlich bekannt zu machen. Die Art der Bekanntmachung, sowie die Frist zu derselben ist in dem Urtheil zu bestimmen.

§ 18. Der dem Inhaber eines Waarenzeichens, eines Namens oder einer Firma nach Inhalt dieses Ge-

---

Zu § 17, Abs. 2. Erfolgt die Verurtheilung in idealer Konkurrenz mit Betrug, so darf dem Verletzten die Publikationsbefugniß nicht zugesprochen werden (23. 3. 86) 14, 3.

Zu § 18. Daß die Abänderungen nur durch Anwendung besonderer Aufmerksamkeit wahrgenommen werden können, ist lediglich ein objektives Strafmoment; für den Dolus des Angeklagten ist ein dahingehendes Bewußtsein nicht erforderlich (4. 3. 86) 13, 389; (1. 3. 87) 15, 349. — Die Feststellung dieses Strafmomentes ist thatsächlicher Natur (24.10.79) 1, 130 I, 175. Hierbei ist zu berücksichtigen, daß den Käufern bei ihren Einkäufen das echte Zeichen nicht vorliegt, es sich daher bei ihnen nur darum handelt, aus der Erinnerung an das früher gesehene erste Zeichen die Abweichungen des nachgeahmten herauszufinden (6. 12. 82) 7, 218; (24. 6. 89) 19, 316. Weiter hat der Richter bei der Vergleichung nicht nur die in den Zeichen enthaltenen Einzelheiten, sondern auch das Gesammtbild ins Auge zu fassen und dabei zu beachten, daß die Käufer sich in eine genaue Prüfung der Details einer solchen Marke nicht einzulassen pflegen; endlich darf nicht übersehen werden, daß der ehrliche Geschäftsmann wegen Auffindung eines leicht unterscheidbaren Waarenzeichens nicht in Verlegenheit kommen wird, während die Herstellung ähnlicher Zeichen auf die Absicht, das Publikum zu täuschen, sowie die dauernde Benutzung

setzes gewährte Schutz wird dadurch nicht ausgeschlossen, daß das Waarenzeichen, der Name oder die Firma mit Abänderungen wiedergegeben sind, welche nur durch Anwendung besonderer Aufmerksamkeit wahrgenommen werden können.

§ 19. — — —

§ 20. Auf Waarenzeichen von Gewerbetreibenden, welche im Inlande eine Handelsniederlassung nicht besitzen, sowie auf die Namen oder die Firmen ausländischer Produzenten oder Handeltreibenden finden, wenn in dem Staate, wo ihre Niederlassung sich befindet, nach einer in dem Reichs-Gesetzblatt enthaltenen Bekannt-

---

derselben meist darauf schließen läßt, daß sie auch zur Täuschung geeignet sind (24. 6. 89) 19, 316 (318).

Die Farbe der Etikette ist kein Bestandtheil des Waarenzeichens und kommt deshalb bei Beurtheilung der Frage, ob dieses in mehr oder minder leicht erkennbarer Weise abgeändert sei, nicht in Betracht (6. 11. 82) 7, 214 (219).

Zu § 20. Die Bestimmungen dieses Gesetzes finden auf die fremden Zeichen, Namen und Register nur hinsichtlich der Wirkungen, nicht der Voraussetzungen des Schutzes Anwendung; letztere bestimmen sich lediglich nach den Gesetzen des fremden Staates. Es ist gleichgültig, ob das ausländische Zeichen auch als Zeichen eines Inländers schutzberechtigt hätte werden können. § 3, Abs. 2, findet deshalb auf fremde Zeichen nur, soweit sie inländische öffentliche Wappen oder Aergerniß erregende Darstellungen enthalten, Anwendung, dagegen dürfen sie ausschließlich in Zahlen, Buchstaben oder Wappen bestehen (21. 6. 86) 14, 234 (236).

Daß in dem Staate der Niederlassung deutsche Waarenzeichen ꝛc. in gleichem Umfange, wie in Deutschland, und auch im Wege des Strafprozesses geschützt sind, wird nicht erfordert (18. 4. 82) 6, 272 IV, 316.

machung deutsche Waarenzeichen, Namen und Firmen einen Schutz genießen, die Bestimmungen dieses Gesetzes Anwendung, jedoch in Ansehung der Waarenzeichen (§. 1) mit folgenden Maßgaben:

1) die Anmeldung eines Waarenzeichens hat bei dem Handelsgerichte in Leipzig mit der Erklärung zu erfolgen, daß sich der Anmeldende für Klagen auf Grund dieses Gesetzes der Gerichtsbarkeit des genannten Gerichts unterwirft;

2) mit der Anmeldung ist der Nachweis zu verbinden, daß in dem fremden Staate die Voraussetzungen erfüllt sind, unter welchen der An-

---

Bei mangelnder Reciprocität kann zwar der ausländische Produzent keinen Schutz für sein Waarenzeichen erwerben, wohl aber kann dies ein inländischer Gewerbetreibender — allerdings nur für seine eigene, nicht für die ausländische Firma — hinsichtlich der von dieser bezogenen Waare (10. 11. 87) 16, 312 IX, 593.

Hinsichtlich des Schutzes für die Namen oder Firmen von Ausländern sind die besonderen, unter Ziff. 1—3 aufgeführten Maßnahmen nicht vorgezeichnet (15. 1. 85) 11, 397.

Zu § 20, Ziff. 2. Wie der Nachweis des Bestehens fremdländischer Schutzrechte zu erbringen, hängt von dem Ermessen des Registerführers ab. Ob die thatsächlich erfolgte Eintragung des Waarenzeichens auf diese oder jene, mehr oder minder beweiskräftigen Grundlagen hin vom Leipziger Handelsrichter geschehen ist, hat auf die Gültigkeit des Schutzrechts keinen Einfluß; es kommt vielmehr lediglich darauf an, ob der von dem Registerführer vorausgesetzte fremdländische Markenschutz den wirklich bestehenden fremdländischen Rechtsverhältnissen entsprach (8. 11. 84) 11, 233 VI, 718.

meldende dort einen Schutz für das Zeichen beanspruchen kann;

3) die Anmeldung begründet ein Recht auf das Zeichen nur insofern und auf so lange, als in dem fremden Staate der Anmeldende in der Benutzung des Zeichens geschützt ist.

§ **21.** Dieses Gesetz tritt mit dem 1. Mai 1875 in Kraft. — — —

Gesetz über die Beurkundung des Personenstandes und die Eheschließung.

Vom 6. Februar 1875.

(R.G.Bl. S. 23.)

Erster Abschnitt.

Allgemeine Bestimmungen.

§ **1.** Die Beurkundung der Geburten, Heirathen und Sterbefälle erfolgt ausschließlich durch die vom Staate bestellten Standesbeamten mittels Eintragung in die dazu bestimmten Register.

§§ **2–16.** — — —

Zu § 1. Die von dem Standesbeamten zwar unterschriebene, aber in dessen Abwesenheit von einer anderen Person entgegengenommene und bewirkte Eintragung in das Standesregister hat nicht die Bedeutung einer öffentlichen Urkunde (3. 3. 85) 12, 62 VII, 154.

Zweiter Abschnitt.

Beurkundung der Geburten.

§ 17. Jede Geburt eines Kindes ist innerhalb einer Woche dem Standesbeamten des Bezirks, in welchem die Niederkunft stattgefunden hat, anzuzeigen.

§ 18. Zur Anzeige sind verpflichtet:

1. der eheliche Vater;
2. die bei der Niederkunft zugegen gewesene Hebamme;
3. der dabei zugegen gewesene Arzt;
4. jede andere dabei zugegen gewesene Person;
5. die Mutter, sobald sie dazu im Stande ist.

Jedoch tritt die Verpflichtung der in der vorstehenden Reihenfolge später genannten Personen nur dann ein, wenn ein früher genannter Verpflichteter nicht vorhanden oder derselbe an der Erstattung der Anzeige verhindert ist.

§ 19. Die Anzeige ist mündlich von dem Verpflichteten selbst oder durch eine andere aus eigener Wissenschaft unterrichtete Person zu machen.

§ 20. Bei Geburten, welche sich in öffentlichen Entbindungs-, Hebammen-, Kranken-, Gefangen- und

---

Zu § 18, Ziff. 2—4. Wer die Anzeige unter der fälschlichen Angabe, bei dem Geburtsakt zugegen gewesen zu sein, erstattet und dadurch die Aufnahme dieser (in den Fällen der Nr. 2—4 wesentlichen) von ihm in einer ihm nicht zustehenden Eigenschaft abgegebenen Erklärung in das Geburtsregister herbeiführt, begeht eine intellektuelle Urkundenfälschung (20. 5. 81) 4, 194 III, 314; (5. 11. 81) III, 686.

ähnlichen Anstalten, sowie in Kasernen ereignen, trifft die Verpflichtung zur Anzeige ausschließlich den Vorsteher der Anstalt oder den von der zuständigen Behörde ermächtigten Beamten. Es genügt eine schriftliche Anzeige in amtlicher Forn.

§ 21. Der Standesbeamte ist verpflichtet, sich von der Richtigkeit der Anzeige (§§. 17 bis 20), wenn er dieselbe zu bezweifeln Anlaß hat, in geeigneter Weise Ueberzeugung zu verschaffen.

§ 22. Die Eintragung des Geburtsfalles soll enthalten:

1. Vor- und Familiennamen, Stand oder Gewerbe und Wohnort des Anzeigenden;
2. Ort, Tag und Stunde der Geburt;
3. Geschlecht des Kindes;
4. Vornamen des Kindes;

Zu § 21. Abnahme einer eidesstattlichen Versicherung ist unzulässig [singulärer Fall § 45 Abs. 4] (28. 12. 88) 18,309.

Zu § 22. Bei der Eintragung der in Ziff. 1—5 bezeichneten Angaben handelt es sich nicht um eine bloße genauere Identifizirung der Person des Kindes, sondern um Thatsachen, welche für dessen aus der Geburt sich ergebende Rechtssphäre von wesentlicher Bedeutung sind. So enthält die Anmelduug eines unehelichen Kindes als eines ehelichen eine Veränderung des Personenstandes (1. 10. 80) 2,303.

Zu § 22, Ziff. 1. „Stand": Berufsstellung, nicht Familienstand (21. 5. 87) 16,87 IX,328.

Zu § 22, Ziff. 2. „Ort" nicht lediglich die Ortschaft, sondern vielmehr die etwa vom Standesbeamten für erheblich gehaltene nähere Bezeichnung, z. B. von Straße und Haus (12. 7. 87) IX,415.

5. Vor- und Familiennamen, Religion, Stand oder Gewerbe und Wohnort der Eltern.

Bei Zwillings- oder Mehrgeburten ist die Eintragung für jedes Kind besonders und so genau zu bewirken, daß die Zeitfolge der verschiedenen Geburten ersichtlich ist.

Standen die Vornamen des Kindes zur Zeit der Anzeige noch nicht fest, so sind dieselben nachträglich und längstens binnen zwei Monaten nach der Geburt anzuzeigen. Ihre Eintragung erfolgt am Rande der ersten Eintragung.

§ **23.** Wenn ein Kind todtgeboren oder in der Geburt verstorben ist, so muß die Anzeige spätestens am nächstfolgenden Tage geschehen. Die Eintragung ist alsdann mit dem im §. 22 unter Nr. 1 bis 3 und 5 angegebenen Inhalte nur im Sterberegister zu machen.

§ **24.** Wer ein neugeborenes Kind findet, ist verpflichtet, hiervon spätestens am nächstfolgenden Tage Anzeige bei der Ortspolizeibehörde zu machen. Die Letztere hat die erforderlichen Ermittelungen vorzunehmen und dem Standesbeamten des Bezirks von deren Ergebniß behufs Eintragung in das Geburtsregister Anzeige zu machen.

Die Eintragung soll enthalten die Zeit, den Ort und die Umstände des Auffindens, die Beschaffenheit und die Kennzeichen der bei dem Kinde vorgefundenen Kleider und sonstigen Gegenstände, die körperlichen Merkmale des Kindes, sein vermuthliches Alter, sein Geschlecht, die Behörde, Anstalt oder Person, bei welcher das Kind untergebracht worden, und die Namen, welche ihm beigelegt werden.

§ 25. Die Anerkennung eines unehelichen Kindes darf in das Geburtsregister nur dann eingetragen werden, wenn dieselbe vor dem Standesbeamten oder in einer gerichtlich oder notariell aufgenommenen Urkunde erklärt ist.

§ 26. Wenn die Feststellung der Abstammung eines Kindes erst nach Eintragung des Geburtsfalles erfolgt oder die Standesrechte durch Legitimation, Annahme an Kindesstatt oder in anderer Weise eine Veränderung erleiden, so ist dieser Vorgang, sofern er durch öffentliche Urkunden nachgewiesen wird, auf Antrag eines Betheiligten am Rande der über den Geburtsfall vorgenommenen Eintragung zu vermerken.

§ 27. Wenn die Anzeige eines Geburtsfalles über drei Monate verzögert wird, so darf die Eintragung nur mit Genehmigung der Aufsichtsbehörde nach Ermittelung des Sachverhalts erfolgen.

Die Kosten dieser Ermittelung sind von demjenigen einzuziehen, welcher die rechtzeitige Anzeige versäumt hat.

Dritter Abschnitt.

Erfordernisse der Eheschließung.

§ 28. Zur Eheschließung ist die Einwilligung und die Ehemündigkeit der Eheschließenden erforderlich.

Die Ehemündigkeit des mämmlichen Geschlechts tritt mit dem vollendeten zwanzigsten Lebensjahre, die des weiblichen Geschlechts mit dem vollendeten sechszehnten Lebensjahre ein. Dispensation ist zulässig.

§ **29.** Eheliche Kinder bedürfen zur Eheschließung, so lange der Sohn das fünfundzwanzigste, die Tochter das vierundzwanzigste Lebensjahr nicht vollendet hat, der Einwilligung des Vaters, nach dem Tode des Vaters der Einwilligung der Mutter und, wenn sie minderjährig sind, auch des Vormundes.

Sind beide Eltern verstorben, so bedürfen Minderjährige der Einwilligung des Vormundes.

Dem Tode des Vaters oder der Mutter steht es gleich, wenn dieselben zur Abgabe einer Erklärung dauernd außer Stande sind, oder ihr Aufenthalt dauernd unbekannt ist.

Eine Einwilligung des Vormundes ist für diejenigen Minderjährigen nicht erforderlich, welche nach Landesrecht einer Vormundschaft nicht unterliegen.

Inwiefern die Wirksamkeit einer Vormundschaftsbehörde oder eines Familienrathes stattfindet, bestimmt sich nach Landesrecht.

§ **30.** Auf uneheliche Kinder finden die im vorhergehenden Paragraphen für vaterlose eheliche Kinder gegebenen Bestimmungen Anwendung.

§ **31.** Bei angenommenen Kindern tritt an Stelle des Vaters (§. 29) derjenige, welcher an Kindesstatt

---

Zu § 29, letzt. Abs. Im Gebiete des preuß. Allg. Landrechts ist für die Ehe einer minderjährigen Waise die Genehmigung des Vormundschaftsgerichts erforderlich (20. 1. 82) 5, 340 IV, 57.

angenommen hat. Diese Bestimmung findet in denjenigen Theilen des Bundesgebietes keine Anwendung, in welchen durch eine Annahme an Kindesstatt die Rechte der väterlichen Gewalt nicht begründet werden können.

§ **32.** Im Falle der Versagung der Einwilligung zur Eheschließung steht großjährigen Kindern die Klage auf richterliche Ergänzung zu.

§ **33.** Die Ehe ist verboten:

1. zwischen Verwandten in auf- und absteigender Linie,
2. zwischen voll- und halbbürtigen Geschwistern,
3. zwischen Stiefeltern und Stiefkindern, Schwiegereltern und Schwiegerkindern jeden Grades,

   ohne Unterschied, ob das Verwandtschafts- oder Schwägerschaftsverhältniß auf ehelicher oder außerehelicher Geburt beruht und ob die Ehe, durch welche die Stief- oder Schwiegerverbindung begründet wird, noch besteht oder nicht,
4. zwischen Personen, deren eine die andere an Kindesstatt angenommen hat, so lange dieses Rechtsverhältniß besteht,
5. zwischen einem wegen Ehebruchs Geschiedenen und seinem Mitschuldigen.

Im Falle der Nr. 5 ist Dispensation zulässig.

§ **34.** Niemand darf eine neue Ehe schließen, bevor seine frühere Ehe aufgelöst, für ungültig oder für nichtig erklärt ist.

§ 35. Frauen dürfen erst nach Ablauf des zehnten Monats seit Beendigung der früheren Ehe eine weitere Ehe schließen.

Dispensation ist zulässig.

§ 36. Hinsichtlich der rechtlichen Folgen einer gegen die Bestimmungen der §§. 28 bis 35 geschlossenen Ehe sind die Vorschriften des Landesrechts maßgebend.

Dasselbe gilt von dem Einflusse des Zwangs, Irrthums und Betrugs auf die Gültigkeit der Ehe.

§ 37. Die Eheschließung eines Pflegebefohlenen mit seinem Vormund oder dessen Kindern ist während der Dauer der Vormundschaft unzulässig.

Ist die Ehe gleichwohl geschlossen, so kann dieselbe als ungültig nicht angefochten werden.

§ 38. Die Vorschriften, welche die Ehe der Militärpersonen, der Landesbeamten und der Ausländer von einer Erlaubniß abhängig machen, werden nicht berührt. Auf die Rechtsgültigkeit der geschlossenen Ehe ist der Mangel dieser Erlaubniß ohne Einfluß.

Ein Gleiches gilt von den Vorschriften, welche vor der Eheschließung eine Nachweisung, Auseinandersetzung oder Sicherstellung des Vermögens erfordern.

Zu § 38. Die hier bezeichneten Vorschriften sind als „in diesem Gesetze gegeben" (vgl. § 69) anzusehen. [ctr. (24. 6. 82) 7, 8 IV, 618] (Pl. 13. 11. 86) 15, 47 VIII, 704. Vgl. ferner (14. 3. 87) 15, 374.

Ehe der Militärpersonen: einschließlich der zum Beurlaubtenstande gehörenden Personen (10. 12. 86) VIII, 745.

§ 39. Alle Vorschriften, welche das Recht zur Eheschließung weiter beschränken, als es durch dieses Gesetz geschieht, werden aufgehoben.

§ 40. Die Befugniß zur Dispensation von Ehehindernissen steht nur dem Staate zu. Ueber die Ausübung dieser Befugniß haben die Landesregierungen zu bestimmen.

Vierter Abschnitt.

Form und Beurkundung der Eheschließung.

§ 41. Innerhalb des Gebietes des Deutschen Reichs kann eine Ehe rechtsgültig nur vor dem Standesbeamten geschlossen werden.

§ 42. Zuständig ist der Standesbeamte, in dessen Bezirk einer der Verlobten seinen Wohnsitz hat oder sich gewöhnlich aufhält. Unter mehreren zuständigen Standesbeamten haben die Verlobten die Wahl.

Eine nach den Vorschriften dieses Gesetzes geschlossene Ehe kann nicht aus dem Grunde angefochten werden, weil der Standesbeamte nicht der zuständige gewesen ist.

§ 43. Auf schriftliche Ermächtigung des zuständigen

Zu § 43. Die Ermächtigung bezieht sich nur auf den eigentlichen Eheschließungsakt, nicht auch auf die demselben vorangehenden Amtshandlungen, welche nur von dem zuständigen Standesbeamten vorgenommen werden können (14. 6. 81) 4, 255 (257), III, 398 (399). Der ermächtigte Standesbeamte ist, sofern die im § 49 vorgeschriebene Bescheinigung des zuständigen Standesbeamten beigebracht ist, — unbeschadet der Bestimmung des § 48 — gesetzlich befugt und verpflichtet, die Eheschließung vorzunehmen (cit. Urt.).

Standesbeamten darf die Eheschließung auch vor dem Standesbeamten eines anderen Orts stattfinden.

§ **44.** Der Eheschließung soll ein Aufgebot vorhergehen.

Für die Anordnung desselben ist jeder Standesbeamte zuständig, vor welchem nach §. 42 Abs. 1 die Ehe geschlossen werden kann.

§ **45.** Vor Anordnung des Aufgebots sind dem Standesbeamten (§. 44) die zur Eheschließung gesetzlich nothwendigen Erfordernisse als vorhanden nachzuweisen.

Insbesondere haben die Verlobten in beglaubigter Form beizubringen:

1. ihre Geburtsurkunden,
2. die zustimmende Erklärung derjenigen, deren Einwilligung nach dem Gesetze erforderlich ist.

Der Beamte kann die Beibringung dieser Urkunden erlassen, wenn ihm die Thatsachen, welche durch dieselben festgestellt werden sollen, persönlich bekannt oder sonst glaubhaft nachgewiesen sind. Auch kann er von unbedeutenden Abweichungen in den Urkunden, beispielsweise von einer verschiedenen Schreibart der Namen oder einer Verschiedenheit der Vornamen absehen, wenn in anderer Weise die Persönlichkeit der Betheiligten festgestellt wird.

Der Beamte ist berechtigt, den Verlobten die eidesstattliche Versicherung über die Richtigkeit der Thatsachen

---

Zu § 45, Abs. 4. Abgesehen von diesem singulären Falle ist dem Standesbeamten die Abnahme einer eidesstattlichen Versicherung nicht gestattet (28. 12. 88) 18, 309.

abzunehmen, welche durch die vorliegenden Urkunden oder die sonst beigebrachten Beweismittel ihm nicht als hinreichend festgestellt erscheinen.

§ **46.** Das Aufgebot ist bekannt zu machen:

1. in der Gemeinde oder in den Gemeinden, woselbst die Verlobten ihren Wohnsitz haben;
2. wenn einer der Verlobten seinen gewöhnlichen Aufenthalt außerhalb seines gegenwärtigen Wohnsitzes hat, auch in der Gemeinde seines jetzigen Aufenthalts;
3. wenn einer der Verlobten seinen Wohnsitz innerhalb der letzten sechs Monate gewechselt hat, auch in der Gemeinde seines früheren Wohnsitzes.

Die Bekanntmachung hat die Vor- und Familiennamen, den Stand oder das Gewerbe und den Wohnort der Verlobten und ihrer Eltern zu enthalten.

Sie ist während zweier Wochen an dem Raths- oder Gemeindehause, oder an der sonstigen, zu Bekanntmachungen der Gemeindebehörde bestimmten Stelle auszuhängen.

§ **47.** Ist einer der Orte, an welchem nach §. 46 das Aufgebot bekannt zu machen ist, im Auslande belegen, so ist an Stelle des an diesem Orte zu bewirkenden Aushanges die Bekanntmachung auf Kosten des Antragstellers einmal in ein Blatt einzurücken, welches an dem ausländischen Orte erscheint oder verbreitet ist. Die Eheschließung ist nicht vor Ablauf zweier Wochen nach dem Tage der Ausgabe der betreffenden Nummer des Blattes zulässig.

Es bedarf dieser Einrückung nicht, wenn eine Bescheinigung der betreffenden ausländischen Ortsbehörde dahin beigebracht wird, daß ihr von dem Bestehen eines Ehehindernisses nichts bekannt sei.

§ **48.** Kommen Ehehindernisse zur Kenntniß des Standesbeamten, so hat er die Eheschließung abzulehnen.

§ **49.** Soll die Ehe vor einem anderen Standesbeamten als demjenigen geschlossen werden, welcher das Aufgebot angeordnet hat, so hat der letztere eine Bescheinigung dahin auszustellen, daß und wann das Aufgebot vorschriftsmäßig erfolgt ist und daß Ehehindernisse nicht zu seiner Kenntniß gekommen sind.

§ **50.** Die Befugniß zur Dispensation von dem Aufgebot steht nur dem Staate zu. Ueber die Ausübung dieser Befugniß haben die Landesregierungen zu bestimmen.

Wird eine lebensgefährliche Krankheit, welche einen Aufschub der Eheschließung nicht gestattet, ärztlich bescheinigt, so kann der Standesbeamte (§. 42 Abs. 1) auch ohne Aufgebot die Eheschließung vornehmen.

§ **51.** Das Aufgebot verliert seine Kraft, wenn seit dessen Vollziehung sechs Monate verstrichen sind, ohne daß die Ehe geschlossen worden ist.

§ **52.** Die Eheschließung erfolgt in Gegenwart von zwei Zeugen durch die an die Verlobten einzeln und nach einander gerichtete Frage des Standesbeamten:

> ob sie erklären, daß sie die Ehe mit einander eingehen wollen,

durch die bejahende Antwort der Verlobten und den hierauf erfolgten Ausspruch des Standesbeamten, daß er sie nunmehr kraft des Gesetzes für rechtmäßig verbundene Eheleute erkläre.

§ **53.** Als Zeugen sollen nur Großjährige zugezogen werden. Verwandtschaft und Schwägerschaft zwischen den Betheiligten und den Zeugen, oder zwischen den Zeugen unter einander steht deren Zuziehung nicht entgegen.

§ **54.** Die Eintragung in das Heirathsregister soll enthalten:

1. Vor- und Familiennamen, Religion, Alter, Stand oder Gewerbe, Geburts- und Wohnort der Eheschließenden;
2. Vor- und Familiennamen, Stand oder Gewerbe und Wohnort ihrer Eltern;
3. Vor- und Familiennamen, Alter, Stand oder Gewerbe und Wohnort der zugezogenen Zeugen;
4. die Erklärung der Eheschließenden;
5. den Ausspruch des Standesbeamten.

Ueber die erfolgte Eheschließung ist den Eheleuten sofort eine Bescheinigung auszustellen.

§ **55.** Ist eine Ehe für aufgelöst, ungültig oder nichtig erklärt worden, so ist dies am Rande der über die Eheschließung bewirkten Eintragung zu vermerken.

Die landesgesetzlichen Vorschriften, nach welchen es zur Trennung einer Ehe einer besonderen Erklärung und Beurkundung vor dem Standesbeamten bedarf, werden hierdurch nicht berührt.

Fünfter Abschnitt.

Beurkundung der Sterbefälle.

§ 56. Jeder Sterbefall ist spätestens am nächstfolgenden Wochentage dem Standesbeamten des Bezirks, in welchem der Tod erfolgt ist, anzuzeigen.

§ 57. Zu der Anzeige verpflichtet ist das Familienhaupt, und wenn ein solches nicht vorhanden oder an der Anzeige behindert ist, derjenige, in dessen Wohnung oder Behausung der Sterbefall sich ereignet hat.

§ 58. Die §§. 19 bis 21 kommen auch in Beziehung auf die Anzeige der Sterbefälle zur Anwendung.

Findet eine amtliche Ermittelung über den Todesfall statt, so erfolgt die Eintragung auf Grund der schriftlichen Mittheilung der zuständigen Behörde.

§ 59. Die Eintragung des Sterbefalles soll enthalten:

1. Vor- und Familiennamen, Stand oder Gewerbe und Wohnort des Anzeigenden;
2. Ort, Tag und Stunde des erfolgten Todes;
3. Vor- und Familiennamen, Religion, Alter, Stand oder Gewerbe, Wohnort und Geburtsort des Verstorbenen;
4. Vor- und Familiennamen seines Ehegatten, oder Vermerk, daß der Verstorbene ledig gewesen sei;
5. Vor- und Familiennamen, Stand oder Gewerbe und Wohnort der Eltern des Verstorbenen.

Zu § 59. Hinsichtlich der Begriffe „Stand" (Ziff. 1) und „Ort" (Ziff. 2) vgl. § 22.

Soweit diese Verhältnisse unbekannt sind, ist dies bei der Eintragung zu vermerken.

§ **60.** Ohne Genehmigung der Ortspolizeibehörde darf keine Beerdigung vor der Eintragung des Sterbefalles in das Sterberegister stattfinden. Ist die Beerdigung dieser Vorschrift entgegen geschehen, so darf die Eintragung des Sterbefalles nur mit Genehmigung der Aufsichtsbehörde nach Ermittelung des Sachverhaltes erfolgen.

Sechster Abschnitt.

Beurkundung des Personenstandes der auf See befindlichen Personen.

§ **61.** Geburten und Sterbefälle, welche sich auf Seeschiffen während der Reise ereignen, sind nach den Vorschriften dieses Gesetzes spätestens am nächstfolgenden Tage nach der Geburt oder dem Todesfall von dem Schiffer, unter Zuziehung von zwei Schiffsoffizieren oder anderen glaubhaften Personen, in dem Tagebuch zu beurkunden. Bei Sterbefällen ist zugleich die muthmaßliche Ursache des Todes zu vermerken.

§ **62.** Der Schiffer hat zwei von ihm beglaubigte Abschriften der Urkunden demjenigen Seemannsamte, bei dem es zuerst geschehen kann, zu übergeben. Eine dieser Abschriften ist bei dem Seemannsamte aufzubewahren, die andere ist demjenigen Standesbeamten, in dessen Bezirk die Eltern des Kindes, beziehungsweise der Verstorbene ihren Wohnsitz haben oder zuletzt gehabt haben, behufs der Eintragung in das Register zuzufertigen.

§ 63. Ist der Schiffer verstorben oder verhindert, so hat der Steuermann die in den §§. 61 und 62 dem Schiffer auferlegten Verpflichtungen zu erfüllen.

§ 64. Sobald das Schiff in den inländischen Hafen eingelaufen ist, in welchem es seine Fahrt beendet, ist das Tagebuch der für den Standesbeamten des Hafenorts zuständigen Aufsichtsbehörde vorzulegen.

Diese hat beglaubigte Abschrift der in das Tagebuch eingetragenen Standesurkunde dem Standesbeamten, in dessen Register der Fall gehört (§. 62), behufs Kontrolirung der Eintragungen zuzustellen.

Siebenter Abschnitt.

Berichtigung der Standesregister.

§§ 65. 66. — — —

Achter Abschnitt.

Schlußbestimmungen.

§ 67. [L.] Ein Geistlicher oder anderer Religionsdiener, welcher zu den religiösen Feierlichkeiten einer Eheschließung schreitet, bevor ihm nachgewiesen worden ist, daß die

---

Zu § 67. Dieser § ist an die Stelle des § 337 Str. G. B.'s getreten.

Voraussetzung ist, daß zur Zeit der Vornahme der religiösen Feierlichkeiten eine bürgerlich gültige Ehe nicht geschlossen war; der Geistliche rc. macht sich nicht schon dadurch strafbar, daß er sich den (wirklich erfolgten) Abschluß der Ehe nicht nachweisen läßt. Dagegen beseitigt der irrige Glaube,

Ehe vor dem Standesbeamten geschlossen sei, wird mit Geldstrafe bis zu dreihundert Mark oder mit Gefängniß bis zu drei Monaten bestraft.

§ 68. Wer den in den §§. 17 bis 20, 22 bis 24, 56 bis 58 vorgeschriebenen Anzeigepflichten nicht nachkommt, wird mit Geldstrafe bis zu einhundertfünfzig Mark oder mit Haft bestraft. Die Strafverfolgung tritt nicht ein, wenn die Anzeige, obwohl nicht von den zunächst Verpflichteten, doch rechtzeitig gemacht worden ist.

Die bezeichnete Strafe trifft auch den Schiffer oder Steuermann, welcher den Vorschriften der §§. 61 bis 64 zuwiderhandelt.

Die Standesbeamten sind außerdem befugt, die zu Anzeigen oder zu sonstigen Handlungen auf Grund

---

daß die Ehe rechtsgültig geschlossen sei, nicht den Dolus desjenigen Religionsdieners, welcher, trotzdem ihm bewußt ist, daß ihm der Abschluß einer bürgerlich gültigen Ehe nicht nachgewiesen ist, dennoch zu den religiösen Feierlichkeiten schreitet (11.11.87) 16, 336 IX, 596. — Die im Auslande nach dortigem Recht geschlossene Ehe ist bürgerlich gültig (cit. Urt.)

Weitere Voraussetzung für die Anwendung des § 67 ist das Bewußtsein der Rechtswidrigkeit; er trifft demnach nur Vorsätzlichkeit der Handlungsweise, nicht das blos fahrlässige Verschulden (25. 5. 81) 4, 233 III, 336.

Der Nachweis der vorhergegangenen bürgerlichen Eheschließung ist nicht auf die nach § 54 von dem Standesbeamten auszustellende Bescheinigung beschränkt, sondern kann auch durch andere Beweismittel erbracht werden. Ein Irrthum des bona fide handelnden Geistlichen über die Zulänglichkeit derselben ist thatsächlicher Natur und nach § 59 Str. G. B.'s in Betracht zu ziehen (25. 5. 81) 4, 233 III, 336.

dieses Gesetzes Verpflichteten hierzu durch Geldstrafen anzuhalten, welche für jeden einzelnen Fall den Betrag von fünfzehn Mark nicht übersteigen dürfen.

§ 69. [L.] Ein Standesbeamter, welcher unter Außerachtlassung der in diesem Gesetze gegebenen Vorschriften eine Eheschließung vollzieht, wird mit Geldstrafe bis zu sechshundert Mark bestraft.

§ 70. Gebühren und Geldstrafen, welche in Gemäßheit dieses Gesetzes zur Erhebung gelangen, fließen, in-

---

Zu § 69. Der Begriff „Außerachtlassen" erfordert ein subjektives Verschulden; es genügt fahrlässiges Zuwiderhandeln (14. 6. 81) 4,258 III,400; (13. 11. 86) 15,55 VIII,712; (14. 11. 87) 16,386 IX,604. Die Strafbarkeit des Standesbeamten ist durch einen Rechtsirrthum über das Bestehen eines Ehehindernisses ausgeschlossen, wenn der Rechtsirrthum nicht auf Fahrlässigkeit beruht (7. 2. 88) X, 102.

Der die Eheschließung vollziehende Standesbeamte ist für die Prüfung der gesetzlichen Ehehindernisse verantwortlich, auch wenn sein Stellvertreter das Aufgebot angeordnet hat (11. 11. 87) 16, 321 IX, 598. — Anders in dem Ausnahmefalle der §§ 43 u. 49: hier ist der zuständige Standesbeamte, welcher den Standesbeamten eines anderen Orts zur Eheschließung ermächtigt und dabei das Vorhandensein eines Ehehindernisses übersieht, dieserhalb strafbar, nicht aber der ermächtigte Standesbeamte, welchem jenes Hinderniß unbekannt war (14. 6. 81) 4, 255 III, 398. Letzterer ist nur strafbar, wenn er entweder ohne die nach § 43 bezw. 49 erforderliche Ermächtigung bezw. Bescheinigung des zuständigen Standesbeamten oder in Kenntniß eines bestehenden Ehehindernisses (§ 48) die Eheschließung vollzieht (14. 6. 81) 4, 258 III, 400.

Auch die Nichtbeachtung der in § 38 bezeichneten Vorschriften ist strafbar [ctr. (24. 6. 82) 7, 8 IV, 618] (Pl. 13. 11. 86) 15, 47 VIII, 704.

soweit die Landesgesetze nicht ein Anderes bestimmen, den Gemeinden zu, welche die sächlichen Kosten der Standesämter (§§. 8, 9) zu tragen haben.

§§ **71—78.** — — —

§ **79.** Dieses Gesetz tritt mit dem 1. Januar 1876 in Kraft. — — —

§§ **80—85.** — — —

Gesetz, betreffend das Urheberrecht an Werken der bildenden Künste.

Vom 9. Januar 1876.

(R.G.Bl. S. 4.)

A. Ausschließliches Recht des Urhebers.

§ **1.** Das Recht, ein Werk der bildenden Künste ganz oder theilweise nachzubilden, steht dem Urheber desselben ausschließlich zu.

§ **2.** Das Recht des Urhebers geht auf dessen Erben über. Dieses Recht kann beschränkt oder unbe-

---

Zu § 1. Werk der bildenden Kunst: durch formgebende Thätigkeit geschaffen uud zu ästhetischem Eindruck bestimmt (5. 6. 82) 6, 343.

Zu § 2. Bloßes Stillschweigen des Berechtigten zu der Nachbildung ist keine Gestattung derselben, dagegen genügt jede, die Absicht der Gestattung zum Ausdruck bringende positive Willensäußerung (15. 2. 81) 3, 352. (357).

schränkt durch Vertrag oder durch Verfügung von Todeswegen auf Andere übertragen werden.

§ 3. Auf die Baukunst findet das gegenwärtige Gesetz keine Anwendung.

§ 4. Als Nachbildung ist nicht anzusehen die freie Benutzung eines Werkes der bildenden Künste zur Hervorbringung eines neuen Werkes.

§ 5. Jede Nachbildung eines Werkes der bildenden Künste, welche in der Absicht, dieselbe zu verbreiten, ohne Genehmigung des Berechtigten (§§. 1, 2) hergestellt wird, ist verboten. Als verbotene Nachbildung ist es auch anzusehen:

1. wenn bei Hervorbringung derselben ein anderes Verfahren angewendet worden ist, als bei dem Originalwerk;

Nicht blos der Urheber, sondern sogar der Inhaber eines beschränkten Verlagsrechtes, welchem die Nachbildung eines Kunstwerkes nur durch ein bestimmtes Verfahren gestattet ist, kann gegen denjenigen, welcher das Originalwerk durch ein anderes Kunstverfahren unbefugt nachbildet, selbständig einschreiten (7. 6. 86) 14, 217 VIII, 428.

Zur Weiterveräußerung des Nachbildungsrechtes bedarf es nicht der Zustimmung des Urhebers; es sei denn, daß das von diesem übertragene Recht an die Person des Erwerbers gebunden war (6. 4. 88) 17, 268 (274) X, 281.

Zu § 5. Die Strafbarkeit unbefugter Nachbildung ist durch den Nachweis oder das Vorhandensein eines Vermögensschadens nicht bedingt (9. 1. 85) 11, 360 (363) VII, 21.

Zu § 5, Ziff. 1. Z. B. Nachbildung durch Photographie (15. 2. 81) 3, 352 (354).

2. wenn die Nachbildung nicht unmittelbar nach dem Originalwerke, sondern mittelbar nach einer Nachbildung desselben geschaffen ist;
3. wenn die Nachbildung eines Werkes der bildenden Künste sich an einem Werke der Baukunst, der Industrie, der Fabriken, Handwerke oder Manufakturen befindet;
4. wenn der Urheber oder Verleger dem unter ihnen bestehenden Vertrage zuwider eine neue Vervielfältigung des Werkes veranstalten;
5. wenn der Verleger eine größere Anzahl von Exemplaren eines Werkes anfertigen läßt, als ihm vertragsmäßig oder gesetzlich gestattet ist.

§ 6. Als verbotene Nachbildung ist nicht anzusehen:

1. die Einzelkopie eines Werkes der bildenden Künste, sofern dieselbe ohne die Absicht der Verwerthung angefertigt wird. Es ist jedoch verboten, den Namen und das Monogramm des Urhebers des Werkes in irgend einer Weise auf der Einzelkopie anzubringen, widrigenfalls eine Geldstrafe bis zu fünfhundert Mark verwirkt ist [A.];
2. die Nachbildung eines Werkes der zeichnenden

Zu § 5, Ziff. 2. Uebermalen mittels Oelfarben einer im Wege rechtmäßiger Nachbildung eines Kunstwerkes gefertigten Photographie ist strafbare Nachbildung des Originals (9. 11. 82) 7,234 IV,789; (9. 1. 85) 11,360 VII,21.

Zu § 6, Ziff. 2. Ueber den Unterschied beider Kunstgattungen (18. 5. 88) 17,365 (366) X,398; (22. 11. 88) 18,321 (329) X,685. —

oder malenden Kunst durch die plastische Kunst, oder umgekehrt;

3. die Nachbildung von Werken der bildenden Künste, welche auf oder an Straßen oder öffentlichen Plätzen bleibend sich befinden. Die Nachbildung darf jedoch nicht in derselben Kunstform erfolgen;

4. die Aufnahme von Nachbildungen einzelner Werke der bildenden Künste in ein Schriftwerk, vorausgesetzt, daß das letztere als die Hauptsache erscheint, und die Abbildungen nur zur Erläuterung des Textes dienen. Jedoch muß der Urheber des Originals oder die benutzte Quelle angegeben werden, widrigenfalls die Strafbestimmung im §. 24 des Gesetzes vom 11. Juni 1870, betreffend das Urheberrecht an Schriftwerken 2c., (Bundes-Gesetzbl. 1870 S. 339) Platz greift.

Diaphanien und Lithophanien (plastisch hergestellte Bildwerke, bei denen der Bildeindruck durch die Transparenz des Lichtes hervorgebracht wird) gehören nicht in das Gebiet der plastischen, sondern in das der zeichnenden und malenden Kunst (cit. Urt., insbes. 18,332).

Zu § 6, Ziff. 2 u. 3. In Nr. 2 kommt nur eine künstlerische Nachbildung (durch eine andere Kunst) in Frage, Ziff. 3 hat dagegen ebensowohl die künstlerischen, als die blos mechanischen Nachbildungen im Auge (20. 6. 88) 18,30(34), X,444.

Zu § 6, Ziff. 3. Eine besondere Kunstform ist anzunehmen, sobald der im Originalkunstwerke enthaltene künstlerische Gedanke in wesentlich verschiedener Weise seiner äußeren Erscheinung nach zum Ausdruck gebracht ist (20. 6. 88) 18,30(36) X,444.

§ 7. Wer ein von einem Anderen herrührendes Werk der bildenden Künste auf rechtmäßige Weise, aber mittelst eines anderen Kunstverfahrens nachbildet, hat in Beziehung auf das von ihm hervorgebrachte Werk das Recht eines Urhebers (§. 1), auch wenn das Original bereits Gemeingut geworden ist.

§ 8. Wenn der Urheber eines Werkes der bildenden Künste das Eigenthum am Werke einem Anderen überläßt, so ist darin die Uebertragung des Nachbildungsrechts fortan nicht enthalten; bei Portraits und Portraitbüsten geht dieses Recht jedoch auf den Besteller über.

Der Eigenthümer des Werkes ist nicht verpflichtet, dasselbe zum Zweck der Veranstaltung von Nachbildungen an den Urheber oder dessen Rechtsnachfolger herauszugeben.

B. Dauer des Urheberrechts.

§ 9. Der Schutz des gegenwärtigen Gesetzes gegen Nachbildung wird für die Lebensdauer des Urhebers und dreißig Jahre nach dem Tode desselben gewährt.

Bei Werken, welche veröffentlicht sind, ist diese Dauer des Schutzes an die Bedingung geknüpft, daß der wahre Name des Urhebers auf dem Werke vollständig genannt oder durch kenntliche Zeichen ausgedrückt ist.

Werke, welche entweder unter einem anderen, als dem wahren Namen des Urhebers veröffentlicht, oder bei welchen ein Urheber gar nicht angegeben ist, werden

---

Zu § 8. Bezgl. „Portraits und Portraitbüsten" (21. 9. 80) 2,246 II,230.

dreißig Jahre lang, von der Veröffentlichung an, gegen Nachbildung geschützt. Wird innerhalb dieser dreißig Jahre der wahre Name des Urhebers von ihm selbst oder seinen hierzu legitimirten Rechtsnachfolgern zur Eintragung in die Eintragsrolle (§. 39 des Gesetzes vom 11. Juni 1870, betreffend das Urheberrecht an Schriftwerken ꝛc., — Bundes-Gesetzbl. 1870 S. 339) angemeldet, so wird dadurch dem Werke die im Absatz 1 bestimmte längere Dauer des Schutzes erworben.

§ **10.** Bei Werken, die in mehreren Bänden oder Abtheilungen erscheinen, wird die Schutzfrist von dem ersten Erscheinen eines jeden Bandes oder einer jeden Abtheilung an berechnet.

Bei Werken jedoch, die in einem oder mehreren Bänden eine einzige Aufgabe behandeln und mithin als in sich zusammenhängend zu betrachten sind, beginnt die Schutzfrist erst nach dem Erscheinen des letzten Bandes oder der letzten Abtheilung.

Wenn indessen zwischen der Herausgabe einzelner Bände oder Abtheilungen ein Zeitraum von mehr als drei Jahren verflossen ist, so sind die vorher erschienenen Bände, Abtheilungen ꝛc. als ein für sich bestehendes Werk und ebenso die nach Ablauf der drei Jahre erscheinenden weiteren Fortsetzungen als ein neues Werk zu behandeln.

§ **11.** Die erst nach dem Tode des Urhebers veröffentlichten Werke werden dreißig Jahre lang, vom Tode des Urhebers an gerechnet, gegen Nachbildung geschützt.

§ 12. Einzelne Werke der bildenden Künste, welche in periodischen Werken, als Zeitschriften, Taschenbüchern, Kalendern rc. erschienen sind, darf der Urheber, falls nichts anderes verabredet ist, auch ohne Einwilligung des Herausgebers oder Verlegers des Werkes, in welches dieselben aufgenommen sind, nach zwei Jahren, vom Ablaufe des Jahres des Erscheinens an gerechnet, anderweitig abdrucken.

§ 13. In den Zeitraum der gesetzlichen Schutzfrist wird das Todesjahr des Verfassers beziehungsweise das Kalenderjahr der ersten Veröffentlichung oder des ersten Erscheinens des Werkes nicht eingerechnet.

§ 14. Wenn der Urheber eines Werkes der bildenden Künste gestattet, daß dasselbe an einem Werke der Industrie, der Fabriken, Handwerke oder Manufakturen nachgebildet wird, so genießt er den Schutz gegen weitere Nachbildungen an Werken der Industrie rc. nicht nach Maßgabe des gegenwärtigen Gesetzes, sondern nur nach Maßgabe des Gesetzes, betreffend das Urheberrecht an Mustern und Modellen.

§ 15. Ein Heimfallsrecht des Fiskus oder anderer zu herrenlosen Verlassenschaften berechtigter Personen

---

Zu § 14. Die Nachbildung muß sich als integrirender Theil des Werkes der Industrie rc. darstellen. Daß die Verbindung mit letzterem bereits thatsächlich erfolgt sei, ist nicht erforderlich (15. 2. 81) 3, 352 (355).

Der Urheber genießt den Schutz des Gesetzes vom 11. 1. 76 nur dann, wenn der Vorschrift des § 7 cit. Gesetzes vor der Verbreitung eines nach dem Kunstwerke gefertigten Erzeugnisses genügt ist (15. 2. 81) 3, 355; (5. 6. 82) 6, 343 (346).

findet auf das ausschließliche Recht des Urhebers und seiner Rechtsnachfolger nicht statt.

C. Sicherstellung des Urheberrechts.

§ 16. Die Bestimmungen in den §§. 18—42 des Gesetzes vom 11. Juni 1870, betreffend das Urheberrecht an Schriftwerken zc., (Bundes-Gesetzbl. 1870 S. 339) finden auch auf die Nachbildung von Werken der bildenden Künste entsprechende Anwendung.

Die Sachverständigen-Vereine, welche nach Maßgabe des §. 31 des genannten Gesetzes Gutachten über die Nachbildung von Werken der bildenden Künste abzugeben haben, sollen aus Künstlern verschiedener Kunstzweige, aus Kunsthändlern, Kunstgewerbtreibenden und aus anderen Kunstverständigen bestehen.*)

*) Bestimmungen über die Zusammensetzung und den Geschäftsbetrieb der künstlerischen, photographischen und gewerblichen Sachverständigen-Vereine v. 29. 2. 76 (Centralblatt für das Deutsche Reich 1876 S. 117) und abändernde Bekanntmachung vom 16. 7. 79 (Centralblatt 1879 S. 490).

D. Allgemeine Bestimmungen.

§ 17. Das gegenwärtige Gesetz tritt mit dem 1. Juli 1876 in Kraft. Alle früheren in den einzelnen Staaten des Deutschen Reichs geltenden Bestimmungen in Beziehung auf das Urheberrecht an Werken der bildenden Künste treten von demselben Tage ab außer Wirksamkeit.

Zu § 16, Abs. 1. Vgl. die Anmerkungen zu den §§ 18—42 des Gesetzes vom 11. 6. 70.

§ **18.** Das gegenwärtige Gesetz findet auch auf alle vor dem Inkrafttreten desselben erschienenen Werke der bildenden Künste Anwendung, selbst wenn dieselben nach den bisherigen Landesgesetzgebungen keinen Schutz gegen Nachbildung genossen haben.

Die bei dem Inkrafttreten dieses Gesetzes vorhandenen Exemplare, deren Herstellung nach der bisherigen Gesetzgebung gestattet war, sollen auch fernerhin verbreitet werden dürfen, selbst wenn ihre Herstellung nach dem gegenwärtigen Gesetze untersagt ist.

Ebenso sollen die bei dem Inkrafttreten dieses Gesetzes vorhandenen, bisher rechtmäßig angefertigten Vorrichtungen, wie Formen, Platten, Steine, Stereotypabgüsse u. s. w. auch fernerhin zur Anfertigung von Exemplaren benutzt werden dürfen.

Auch dürfen die bei dem Inkrafttreten des Gesetzes bereits begonnenen, bisher gestatteten Vervielfältigungen noch vollendet werden.

Die Regierungen der Staaten des Deutschen Reichs werden ein Inventarium über die Vorrichtungen, deren fernere Benutzung hiernach gestattet ist, amtlich aufstellen und diese Vorrichtungen mit einem gleichförmigen Stempel bedrucken lassen.

Zu § 18. Das vor dem Inkrafttreten dieses Gesetzes vertragsmäßig erworbene Verlagsrecht eines Kunstwerkes berechtigt den Verleger zur Stellung des Strafantrages, auch wenn derselbe durch den Vertrag zur Zeit seines Abschlusses ein ausschließliches Recht nicht erlangt hatte (28. 10. 81) 5,78 III,656; (1. 5. 83) 8,261 V,300.

Nach Ablauf der für die Legalisirung angegebenen Frist unterliegen alle mit dem Stempel nicht versehenen Vorrichtungen der bezeichneten Werke, auf Antrag des Verletzten, der Einziehung. Die nähere Instruktion über das bei der Aufstellung des Inventariums und bei der Stempelung zu beobachtende Verfahren wird vom Reichskanzler-Amt*) erlassen.

*) Bestimmungen, betr. die Inventarisirung etc., vom 29. 2. 76 (Centralblatt für das Deutsche Reich 1876 S. 118).

§ 19. Die Ertheilung von Privilegien zum Schutze des Urheberrechts ist nicht mehr zulässig.

Dem Inhaber eines vor dem Inkrafttreten des gegenwärtigen Gesetzes von den Regierungen einzelner deutscher Staaten ertheilten Privilegiums steht es frei, ob er von diesem Privilegium Gebrauch machen oder den Schutz des gegenwärtigen Gesetzes anrufen will.

Der Privilegienschutz kann indeß nur für den Umfang derjenigen Staaten geltend gemacht werden, von welchen derselbe ertheilt worden ist.

Die Berufung auf den Privilegienschutz ist dadurch bedingt, daß das Privilegium entweder ganz oder dem wesentlichen Inhalte nach dem Werke vorgedruckt oder auf oder hinter dem Titelblatt desselben bemerkt ist. Wo dieses nach der Natur des Gegenstandes nicht stattfinden kann oder bisher nicht geschehen ist, muß das Privilegium, bei Vermeidung des Erlöschens, binnen drei Monaten nach dem Inkrafttreten dieses Gesetzes zur Eintragung in die Eintragsrolle angemeldet werden.

Das Kuratorium der Eintragsrolle hat das Privilegium öffentlich bekannt zu machen.

§ **20.** Das gegenwärtige Gesetz findet Anwendung auf alle Werke inländischer Urheber, gleichviel ob die Werke im Inlande oder Auslande erschienen oder überhaupt noch nicht veröffentlicht sind.

Wenn Werke ausländischer Urheber bei inländischen Verlegern erscheinen, so stehen diese Werke unter dem Schutze des gegenwärtigen Gesetzes.

§ **21.** Diejenigen Werke ausländischer Urheber, welche in einem Orte erschienen sind, der zum ehemaligen Deutschen Bunde, nicht aber zum Deutschen Reich gehört, genießen den Schutz dieses Gesetzes unter der Voraussetzung, daß das Recht des betreffen den Staates den innerhalb des Deutschen Reichs erschienenen Werken einen den einheimischen Werken gleichen Schutz gewährt; jedoch dauert der Schutz nicht länger, als in dem betreffenden Staate selbst. Dasselbe gilt von nicht veröffentlichten Werken solcher Urheber, welche zwar nicht im Deutschen Reich, wohl aber im ehemaligen deutschen Bundesgebiete staatsangehörig sind.

Gesetz, betreffend den Schutz der Photographieen gegen unbefugte Nachbildung.

Vom 10. Januar 1876.

(R.G.Bl. S. 8.)

§ **1.** Das Recht, ein durch Photographie hergestelltes Werk ganz oder theilweise auf mechanischem Wege nachzubilden, steht dem Verfertiger der photographischen Aufnahme ausschließlich zu.

Auf Photographieen von solchen Werken, welche gesetzlich gegen Nachdruck und Nachbildung noch geschützt sind, findet das gegenwärtige Gesetz keine Anwendung.

§ 2. Als Nachbildung ist nicht anzusehen die freie Benutzung eines durch Photographie hergestellten Werkes zur Hervorbringung eines neuen Werkes.

§ 3. Die mechanische Nachbildung eines photographischen Werkes, welche in der Absicht, dieselbe zu verbreiten, ohne Genehmigung der Berechtigten (§§ 1. und 7.) hergestellt wird, ist verboten.

Zu § 1, Abs. 2. Diese Bestimmung beruht auf dem Gedanken, daß, wenn das Original selbst noch geschützt ist, die Abbildung als solche keinen selbständigen Schutz als Photographie beanspruchen könne, darauf vielmehr das Gesetz v. 9. 1. 76 Anwendung findet, der Photograph daher nur dann und insoweit Schutz genießt, als er sich als Rechtsnachfolger des Urhebers des nachgebildeten Kunstwerkes darstellt (15. 2. 81) 3, 354.

Zu § 2. Kein „neues Werk", wenn lediglich eine Mehrzahl geschützter photographischer Bildnisse zusammen auf einem Blatte mechanisch nachgebildet sind. Andererseits ist auch die rein mechanische Nachbildung des Originalportraits erlaubt, wenn die Nachbildung ihre Selbständigkeit als solche völlig eingebüßt hat und zum integrirenden Bestandtheile einer Neuschöpfung geworden ist, z. B. bei der Verwerthung eines Portraits für die bildliche Darstellung eines historischen, genrehaften oder ähnlichen Herganges nur als vereinzelten Bestandtheils des letzteren (29. 3. 86) 14, 54 VIII, 238.

Zu § 3. Das öffentliche Aushängen einer Nachbildung, z. B. im Schaukasten, wenn auch nur zur Ansicht, ist Verbreitung. Eine zu diesem Zwecke veranstaltete unerlaubte Nachbildung ist strafbar (21. 9. 80) 2, 246 II, 230.

§ 4. Die Nachbildung eines photographischen Werkes, wenn sie sich an einem Werke der Industrie, der Fabriken, Handwerke oder Manufakturen befindet, ist als eine verbotene nicht anzusehen.

§ 5. Jede rechtmäßige photographische oder sonstige mechanische Abbildung der Originalaufnahme muß auf der Abbildung selbst oder auf dem Karton

a) den Namen beziehungsweise die Firma des Verfertigers der Originalaufnahme oder des Verlegers, und
b) den Wohnort des Verfertigers oder Verlegers,
c) das Kalenderjahr, in welchem die rechtmäßige Abbildung zuerst erschienen ist,

enthalten, widrigenfalls ein Schutz gegen Nachbildung nicht stattfindet.

§ 6. Der Schutz des gegenwärtigen Gesetzes gegen Nachbildung wird dem Verfertiger des photographischen Werkes fünf Jahre gewährt. Diese Frist wird vom Ablaufe desjenigen Kalenderjahres ab gerechnet, in welchem die rechtmäßigen photographischen oder sonstigen mechanischen Abbildungen der Originalaufnahme zuerst erschienen sind.

Wenn solche Abbildungen nicht erscheinen, so wird die fünfjährige Frist von dem Ablauf desjenigen Kalenderjahres ab gerechnet, in welchem das Negativ der photographischen Aufnahme entstanden ist.

Bei Werken, die in mehreren Bänden oder Abtheilungen erscheinen, findet der §. 14 des Gesetzes vom

11. Juni 1870, betreffend das Urheberrecht an Schriftwerken ꝛc., Anwendung.

§ 7. Das im §. 1 bezeichnete Recht des Verfertigers eines photographischen Werkes geht auf dessen Erben über. Auch kann dieses Recht von dem Verfertiger oder dessen Erben ganz oder theilweise durch Vertrag oder durch Verfügung von Todeswegen auf Andere übertragen werden. Bei photographischen Bildnissen (Portraits) geht das Recht auch ohne Vertrag von selbst auf den Besteller über.

§ 8. Wer eine von einem Anderen verfertigte photographische Aufnahme durch ein Werk der malenden, zeichnenden oder plastischen Kunst nachbildet, genießt in Beziehung auf das von ihm hervorgebrachte Werk das Recht eines Urhebers nach Maßgabe des §. 7 des Gesetzes vom 9. Januar d. J., betreffend das Urheberrecht an Werken der bildenden Künste.

Zu § 7. Der Zweck der Schlußbestimmung, dem Mißbrauche der Vervielfältigung und Verbreitung photographischer Portraits ohne oder gegen den Willen des Bestellers entgegenzutreten, ist nicht vollkommen erreicht, da das Recht des Bestellers gleich dem Rechte des Verfertigers, in welches Ersterer lediglich succedirt, nach Ablauf der im § 6 gegebenen Schutzfrist erlischt (4. 2. 87) 15, 250 IX, 210.

Der Photograph, welcher ein Portrait zum Zwecke des Aushängens in dem Schaukasten ohne Genehmigung des Bestellers nochmals anfertigt, verletzt das Urheberrecht des Bestellers (21. 9. 80) 2, 246 II, 230.

Auch bei Portraits kann natürlich das Urheberrecht durch entsprechende Willenserklärung der Kontrahenten dem Verfertiger belassen werden (29. 3. 86) 14, 51 VIII, 239.

§ **9.** Die Bestimmungen in den §§. 18 bis 38, 44, 61 Absatz 1 des Gesetzes vom 11. Juni 1870, betreffend das Urheberrecht an Schriftwerken 2c., finden auch Anwendung auf das ausschließliche Nachbildungs- und Vervielfältigungsrecht des Verfertigers photographischer Werke.

§ **10.** Die Sachverständigen-Vereine, welche Gutachten über die Nachbildung photographischer Aufnahmen abzugeben haben, sollen aus Künstlern verschiedener Kunstzweige, aus Kunsthändlern, aus anderen Kunstverständigen und aus Photographen bestehen.

§ **11.** Die Bestimmungen des gegenwärtigen Gesetzes finden auch Anwendung auf solche Werke, welche durch ein der Photographie ähnliches Verfahren hergestellt werden.

§ **12.** Das gegenwärtige Gesetz tritt mit dem 1. Juli 1876 in Kraft. Auf photographische Aufnahmen, welche vor diesem Tage angefertigt sind, findet dasselbe nur dann Anwendung, wenn die erste rechtmäßige photographische oder sonstige mechanische Abbildung der Originalaufnahme nach dem Inkrafttreten des gegenwärtigen Gesetzes erschienen ist.

Photographische Aufnahmen, welche schon bisher landesgesetzlich gegen Nachbildung geschützt waren, behalten diesen Schutz; jedoch kann derselbe nur für denjenigen räumlichen Umfang geltend gemacht werden, für welchen er durch die Landesgesetzgebung ertheilt war.

Zu § 9. Vgl. die bezügl. Anmerkungen zum Gesetz v. 11. 6. 70.

Gesetz, betreffend das Urheberrecht an Mustern und Modellen.

Vom 11. Januar 1876.

(R.G.Bl S. 11.)

§ 1. Das Recht, ein gewerbliches Muster oder Modell ganz oder theilweise nachzubilden, steht dem Urheber desselben ausschließlich zu.

Als Muster oder Modelle im Sinne dieses Gesetzes werden nur neue und eigenthümliche Erzeugnisse angesehen.

Zu § 1. Urheber des Musters rc. ist — von dem Ausnahmefall des § 2 abgesehen — derjenige, der durch seine geistige Thätigkeit dasselbe hervorgebracht hat. Für denjenigen, welcher bei einem Anderen die Anfertigung eines Musters bestellt, läßt sich die Berechtigung zur Geltendmachung des Urheberrechtes nicht auf die geistige Urheberschaft, sondern nur auf den Eintritt in das für den Anfertiger begründete Recht im Wege der Rechtsnachfolge (§ 3) zurückführen (11.1.82) 5,348; (5. 1. 86) 13,219 VIII,5.

Zu § 1, Abs. 2. Wird die Neuheit oder Eigenthümlichkeit des angemeldeten und niedergelegten Musters bestritten, so müssen sich die Urtheilsgründe über das Vorhandensein dieses Strafausschließungsgrundes aussprechen (11. 1. 82) IV,32 (34). — Daß das Muster in der Hauptsache figürliche Elemente enthält, die weder als neu noch als eigenthümlich bezeichnet werden können, schließt seine Schutzfähigkeit nicht aus, wenn nur die Zeichnung ein Gesammtbild abgibt, welches als das Produkt selbständigen geistigen Schaffens, als ein neues und eigenthümliches, den Geschmack und das ästhetische Gefühl durch seine Form befriedigendes Mustererzeugniß angesehen werden darf (30. 4. 85) 12,176; VII,259 (262).

§ 2. Bei solchen Mustern und Modellen, welche von den in einer inländischen gewerblichen Anstalt beschäftigten Zeichnern, Malern, Bildhauern ꝛc. im Auftrage oder für Rechnung des Eigenthümers der gewerblichen Anstalt angefertigt werden, gilt der letztere, wenn durch Vertrag nichts anderes bestimmt ist, als der Urheber der Muster und Modelle.

§ 3. Das Recht des Urhebers geht auf dessen Erben über. Dieses Recht kann beschränkt oder unbeschränkt durch Vertrag oder durch Verfügung von Todeswegen auf Andere übertragen werden.

§ 4. Die freie Benutzung einzelner Motive eines Musters oder Modells zur Herstellung eines neuen Musters oder Modells ist als Nachbildung nicht anzusehen.

Zu §. 2. Bei dieser, einem praktischen Bedürfnisse Rechnung tragenden Bestimmung ist die Erwägung leitend gewesen, wie es in einem solchen Falle regelmäßig die Absicht der Betheiligten sein werde, daß der Eigenthümer der Anstalt das Vervielfältigungsrecht des Musters erhalten solle, während der Zeichner ꝛc. für seine Arbeit von dem Eigenthümer der Anstalt bezahlt werde; deshalb hat für solche in der Anstalt beschäftigte Arbeiter die Nothwendigkeit einer jedesmaligen Cession des Urheberrechtes beseitigt werden sollen. — Daß der Zeichner ꝛc. das Muster in der Anstalt selbst anfertige, erscheint nicht erforderlich, wohl aber, daß er in einem mehr oder weniger auf die Dauer berechneten Engagementsverhältnisse zu dem Eigenthümer der Anstalt steht, so daß nach den Intentionen des § 2 ohne Weiteres angenommen werden kann, der Zeichner ꝛc. habe sein Urheberrecht aufgeben wollen (5. 1. 86) 13,221 VIII,7.

§ 5. Jede Nachbildung eines Musters oder Modells, welche in der Absicht, dieselbe zu verbreiten, ohne Genehmigung des Berechtigten (§§. 1—3) hergestellt wird, ist verboten. Als verbotene Nachbildung ist es auch anzusehen:

1. wenn bei Hervorbringung derselben ein anderes Verfahren angewendet worden ist, als bei dem Originalwerke, oder wenn die Nachbildung für einen anderen Gewerbszweig bestimmt ist, als das Original;
2. wenn die Nachbildung in anderen räumlichen Abmessungen oder Farben hergestellt wird, als das Original, oder wenn sie sich vom Original nur durch solche Abänderungen unterscheidet, welche nur bei Anwendung besonderer Aufmerksamkeit wahrgenommen werden können;
3. wenn die Nachbildung nicht unmittelbar nach dem Originalwerke, sondern mittelbar nach einer Nachbildung desselben geschaffen ist.

§ 6. Als verbotene Nachbildung ist nicht anzusehen:

1. Die Einzelkopie eines Musters oder Modells, sofern dieselbe ohne die Absicht der gewerbsmäßigen Verbreitung und Verwerthung angefertigt wird;

Zu § 5. Begriff der „Verbreitung" vgl. Anmerkung zu § 7.

Zu § 6, Ziff. 1. Die mehrfache Nachbildung eines Musters

2. die Nachbildung von Mustern, welche für Flächenerzeugnisse bestimmt sind, durch plastische Erzeugnisse, und umgekehrt;
3. die Aufnahme von Nachbildungen einzelner Muster oder Modelle in ein Schriftwerk.

§ 7. Der Urheber eines Musters oder Modells genießt den Schutz gegen Nachbildung nur dann, wenn er dasselbe zur Eintragung in das Musterregister angemeldet und ein Exemplar oder eine Abbildung des Musters 2c. bei der mit der Führung des Musterregisters beauftragten Behörde niedergelegt hat.

Die Anmeldung und Niederlegung muß erfolgen, bevor ein nach dem Muster oder Modelle gefertigtes Erzeugniß verbreitet wird.

---

in einem Fabrikationsakt ist keine Einzelkopie (30. 4. 85) 12,173 (178) VII,260.

Zu § 7, Abs. 2. Der Richter soll zwar von Amtswegen prüfen, ob schon vor der Anmeldung verbreitet ist; doch braucht er diesen Gesichtspunkt in Ermangelung entscheidender Bedenken in den Urtheilsgründen nicht zu erörtern, es sei denn, daß in der Hauptverhandlung ein desfallsiger Einwand erhoben ist (1. 6. 81) 4, 212.

„Verbreitung" liegt vor, wenn das Erzeugniß in den Verkehr gebracht und solchergestalt Anderen mitgetheilt und zugänglich gemacht worden ist (11. 1. 82) 5,351 IV,34. — Es genügt, wenn auch nur ein Erzeugniß in Verkehr gebracht ist, sollte auch nur eine einmalige Mittheilung an einen Geschäftsfreund erfolgt sein und sollten dabei nicht besondere Umstände vorliegen, welche die Charakterisirung dieser Ueberlassung als ein „Inverkehrbringen" der Erzeugnisse ausschließen (14. 10. 84) VI,618. — So ist z. B. die Versendung einer Probe an einen Geschäftsfreund zur bloßen

§ 8. Der Schutz des gegenwärtigen Gesetzes gegen Nachbildung wird dem Urheber des Musters oder Modells nach seiner Wahl ein bis drei Jahre lang, vom Tage der Anmeldung (§. 7) ab, gewährt.

Der Urheber ist berechtigt, gegen Zahlung der im §. 12 Absatz 3 bestimmten Gebühr, eine Ausdehnung der Schutzfrist bis auf höchstens fünfzehn Jahre zu verlangen. Die Verlängerung der Schutzfrist wird in dem Musterregister eingetragen.

Der Urheber kann das ihm nach Absatz 2 zustehende Recht außer bei der Anmeldung auch bei Ablauf der dreijährigen und der zehnjährigen Schutzfrist ausüben.

§ 9. Das Musterregister wird von den mit der Führung der Handelsregister beauftragten Gerichtsbehörden geführt.

Der Urheber hat die Anmeldung und Niederlegung des Musters oder Modells bei der Gerichtsbehörde seiner Hauptniederlassung, und falls er eine eingetragene Firma nicht besitzt, bei der betreffenden Gerichtsbehörde seines Wohnortes zu bewirken.

Ansicht, um ihn zu Bestellungen zu veranlassen, keine Verbreitung und kann deshalb ohne Rechtsnachtheil vor der Anmeldung und Niederlegung des Musters oder Modells erfolgen (11. 1. 82) 5, 351 IV, 32; (28. 10. 82) IV, 771.

Die bloße Abbildung des Musters ist kein nach demselben gefertigtes Erzeugniß; daher entzieht die Verbreitung des Musters selbst in Abbildungen seiner nachmaligen Anmeldung und Niederlegung nicht die derselben in § 5 beigelegte Wirkung (11. 1. 82) 5, 351 IV, 33.

Vgl. § 14 des Gesetzes v. 9. 1. 76.

Urheber, welche im Inlande weder eine Niederlassung, noch einen Wohnsitz haben, müssen die Anmeldung und Niederlegung bei dem Handelsgericht in Leipzig bewirken.

Die Muster oder Modelle können offen oder versiegelt, einzeln oder in Packeten niedergelegt werden. Die Packete dürfen jedoch nicht mehr als 50 Muster oder Modelle enthalten und nicht mehr als 10 Kilogramm wiegen. Die näheren Vorschriften über die Führung des Musterregisters erläßt das Reichskanzler-Amt.*)

*) Bestimmungen über die Führung des Musterregisters v. 29. 2. 76 (Centralbl. S. 123), nebst Nachtrag v. 23. 7. 76 (Centralbl. S. 404).

Die Eröffnung der versiegelt niedergelegten Muster erfolgt drei Jahre nach der Anmeldung (§. 7) beziehentlich, wenn die Schutzfrist eine kürzere ist, nach dem Ablaufe derselben.

Die Eintragung und die Verlängerung der Schutzfrist (§. 8 Alinea 2) wird monatlich im Deutschen Reichsanzeiger bekannt gemacht. Die Kosten der Bekanntmachung hat der Anmeldende zu tragen.

§ 10. Die Eintragungen in das Musterregister werden bewirkt, ohne daß eine zuvorige Prüfung über die Berechtigung des Antragstellers oder über die Richtigkeit der zur Eintragung angemeldeten Thatsachen stattfindet.

§ 11. Es ist Jedermann gestattet, von dem Musterregister und den nicht versiegelten Mustern und Modellen Einsicht zu nehmen und sich beglaubigte Auszüge aus dem Musterregister ertheilen zu lassen. In Streitfällen darüber, ob ein Muster oder Modell gegen Nachbildung geschützt ist, können zur Herbeiführung der Entscheidung auch die versiegelten Packete von der mit der Führung des Musterregisters beauftragten Behörde geöffnet werden.

§ 12. Alle Eingaben, Verhandlungen, Atteste, Beglaubigungen, Zeugnisse, Auszüge 2c., welche die Eintragung in das Musterregister betreffen, sind stempelfrei.

Für jede Eintragung und Niederlegung eines einzelnen Musters oder eines Packets mit Mustern 2c. (§. 9) wird, insofern die Schutzfrist auf nicht länger als drei Jahre beansprucht wird (§. 8 Absatz 1), eine Gebühr von 1 Mark für jedes Jahr erhoben.

Nimmt der Urheber in Gemäßheit des §. 8 Absatz 2 eine längere Schutzfrist in Anspruch, so hat er für jedes weitere Jahr bis zum zehnten Jahre einschließlich eine Gebühr von 2 Mark, von elf bis fünfzehn Jahren eine Gebühr von 3 Mark für jedes einzelne Muster oder Modell zu entrichten. Für jeden Eintragungsschein, sowie für jeden sonstigen Auszug aus dem Musterregister wird eine Gebühr von je 1 Mark erhoben.

§ 13. Derjenige, welcher nach Maßgabe des §. 7 das Muster oder Modell zur Eintragung in das Musterregister angemeldet und niedergelegt hat, gilt bis zum Gegenbeweise als Urheber.

§ 14. Die Bestimmungen in den §§. 18—36, 38 des Gesetzes vom 11. Juni 1870, betreffend das Urheber-

---

Zu § 14. Die Entschuldbarkeit des Irrthums, welche nach § 18 des Gesetzes vom 11. 6. 70 Strafausschließungsgrund ist, hat nicht unbedingt zur Voraussetzung, daß der Verfertiger der Nach-

recht an Schriftwerken ꝛc., (Bundes-Gesetzbl. 1870 S. 339) finden auch auf das Urheberrecht an Mustern und Modellen mit der Maßgabe entsprechende Anwendung, daß die vorräthigen Nachbildungen und die zur widerrechtlichen Vervielfältigung bestimmten Vorrichtungen nicht vernichtet, sondern auf Kosten des Eigenthümers und nach Wahl desselben entweder ihrer gefährdenden Form entkleidet oder bis zum Ablauf der Schutzfrist amtlich aufbewahrt werden.

Die Sachverständigen-Vereine, welche nach §. 31 des genannten Gesetzes Gutachten über die Nachbildung von Mustern oder Modellen abzugeben haben, sollen aus Künstlern, aus Gewerbtreibenden verschiedener Gewerbzweige und aus sonstigen Personen, welche mit dem Muster- und Modellwesen vertraut sind, zusammengesetzt werden.

§ **15.** Bürgerliche Rechtsstreitigkeiten, in welchen auf Grund der Bestimmungen dieses Gesetzes eine Klage wegen Entschädigung, Bereicherung oder Einziehung angestellt wird, gelten im Sinne der Reichs- und Landesgesetze als Handelssachen.

§ **16.** Das gegenwärtige Gesetz findet Anwendung auf alle Muster und Modelle inländischer Urheber, sofern die nach den Mustern oder Modellen hergestellten Erzeugnisse im Inlande verfertigt sind, gleichviel ob dieselben im Inlande oder Auslande verbreitet werden.

---

bildung sich vergewissert hat, ob ein Muster oder Modell im Musterregister eingetragen sei (17. 1. 84) 9, 422. — Vgl. im Uebrigen die Anmerkungen zu den §§ 18 ff. des Gesetzes vom 11. 6. 70.

Wenn ausländische Urheber im Gebiete des Deutschen Reichs ihre gewerbliche Niederlassung haben, so genießen sie für die im Inlande gefertigten Erzeugnisse den Schutz des gegenwärtigen Gesetzes.

Im Uebrigen richtet sich der Schutz der ausländischen Urheber nach den bestehenden Staatsverträgen.

§ 17. Das gegenwärtige Gesetz tritt mit dem 1. April 1876 in Kraft. Es findet Anwendung auf alle Muster und Modelle, welche nach dem Inkrafttreten desselben angefertigt worden sind.

Muster und Modelle, welche vor diesem Tage angefertigt worden sind, genießen den Schutz des Gesetzes nur dann, wenn das erste nach dem Muster ꝛc. gefertigte Erzeugniß erst nach dem Inkrafttreten des Gesetzes verbreitet worden ist.

Muster und Modelle, welche schon bisher landesgesetzlich gegen Nachbildung geschützt waren, behalten diesen Schutz; jedoch kann derselbe nur für denjenigen räumlichen Umfang geltend gemacht werden, für welchen er durch die Landesgesetzgebung ertheilt war.

Patentgesetz.

Vom 25. Mai 1877.

(R.G.Bl. S. 501.)

Erster Abschnitt.

Patentrecht.

§ 1. Patente werden ertheilt für neue Erfindungen, welche eine gewerbliche Verwerthung gestatten.

Ausgenommen sind:

1. Erfindungen, deren Verwerthung den Gesetzen oder guten Sitten zuwiderlaufen würde;
2. Erfindungen von Nahrungs-, Genuß- und Arzneimitteln, sowie von Stoffen, welche auf chemischem Wege hergestellt werden, soweit die Erfindungen nicht ein bestimmtes Verfahren zur Herstellung der Gegenstände betreffen.

§ 2. Eine Erfindung gilt nicht als neu, wenn sie zur Zeit der auf Grund dieses Gesetzes erfolgten Anmeldung in öffentlichen Druckschriften bereits derart beschrieben oder im Inlande bereits so offenkundig benutzt ist, daß danach die Benutzung durch andere Sachverständige möglich erscheint.

§ 3. Auf die Ertheilung des Patentes hat derjenige Anspruch, welcher die Erfindung zuerst nach Maßgabe dieses Gesetzes angemeldet hat.

Ein Anspruch des Patentsuchers auf Ertheilung des Patentes findet nicht statt, wenn der wesentliche Inhalt seiner Anmeldung den Beschreibungen, Zeichnungen, Modellen, Geräthschaften oder Einrichtungen eines Anderen oder einem von diesem angewendeten Verfahren ohne Einwilligung desselben entnommen, und von dem letzteren aus diesem Grunde Einspruch erhoben ist.

§ 4. Das Patent hat die Wirkung, daß niemand befugt ist, ohne Erlaubniß des Patentinhabers den

---

Zu § 4, Abs. 1. Das deutsche Patent hindert zwar nicht, den Gegenstand der Erfindung gewerbsmäßig im Auslande herzustellen, wohl aber den im Auslande hergestellten Gegen-

Gegenstand der Erfindung gewerbsmäßig herzustellen, in Verkehr zu bringen oder feilzuhalten.

Bildet ein Verfahren, eine Maschine oder eine sonstige Betriebsvorrichtung, ein Werkzeug oder ein sonstiges Arbeitsgeräth den Gegenstand der Erfindung, so hat das Patent außerdem die Wirkung, daß niemand befugt ist, ohne Erlaubniß des Patentinhabers das Verfahren anzuwenden oder den Gegenstand der Erfindung zu gebrauchen.

§ 5. Die Wirkung des Patentes tritt gegen denjenigen nicht ein, welcher bereits zur Zeit der Anmel-

---

stand im Inlande feilzuhalten oder in Verkehr zu bringen. Die Thätigkeit des Feilhaltens ist örtlich durch den Raum begrenzt, wo der feilgehaltene Gegenstand dem kauflustigen Publikum zum Ankaufe bereit gehalten oder zugänglich gemacht wird. In Verkehr bringt im Inlande nur derjenige eine Waare, welcher sie thatsächlich irgendwie dem inländischen Verkehre unterwirft, nicht schon derjenige, welcher im Inlande durch sein Thun bewirkt, daß die Waare im Auslande in den Verkehr gelangt, ohne das inländische Verkehrsgebiet als solches überhaupt zu berühren (3. 4. 84) 10, 349 VI, 268.

Zur Gewerbsmäßigkeit des Herstellens rc. ist nicht nothwendig, daß dasselbe wiederholt geschehen oder sich als Theil der gewerbsmäßigen Thätigkeit darstellt. Schon ein einmaliges Ueberlassen zum Selbstkostenpreise im Betriebe seines Gewerbes macht den Thäter strafbar (5. 11. 86) 15, 34 VIII, 676.

Der Begriff des Feilhaltens setzt nicht minder, wie der des Inverkehrbringens, voraus, daß der angebotene Gegenstand vorhanden ist. Das Anbieten erst herzustellender Gegenstände ist strafloser Versuch (14. 7. 84) 11, 241.

Zu § 5, Abs. 1. „Zur Zeit der Anmeldung", d. h. der formell korrekten (§§ 20—22) Anmeldung (8. 1. 83) 7, 414.

dung des Patentinhabers im Inlande die Erfindung in Benutzung genommen oder die zur Benutzung erforderlichen Veranstaltungen getroffen hatte.

Die Wirkung des Patentes tritt ferner insoweit nicht ein, als die Erfindung nach Bestimmung des Reichskanzlers für das Heer oder für die Flotte oder sonst im Interesse der öffentlichen Wohlfahrt benutzt werden soll. Doch hat der Patentinhaber in diesem Falle gegenüber dem Reich oder dem Staat, welcher in seinem besonderen Interesse die Beschränkung des Patentes beantragt hat, Anspruch auf angemessene Vergütung, welche in Ermangelung einer Verständigung im Rechtswege festgesetzt wird.

Nicht jede Vorbereitungshandlung genügt; andererseits sind nicht sämmtliche Vorbereitungshandlungen erforderlich, sondern nur diejenigen zur Benutzung erforderlichen Veranstaltungen, welche die Erfindung im Wesentlichen auszuführen bestimmt sind und hiermit den ernstlichen Willen, die Erfindung sofort zu benützen, zweifellos kundgeben (24. 10. 87) 16, 414 IX, 512.

Das Gesetz versagt dem Patente schlechthin die Wirkung gegen denjenigen, welcher bereits zur Zeit der Anmeldung des Patentinhabers im Inlande die Erfindung, wenn auch nur zu eigenen — privaten — Zwecken in Benutzung genommen hat; dieser kann sie nicht nur weiter für sich benutzen, sondern auch gewerblich ausbeuten und sind die von ihm Erwerbenden zur Feilhaltung und Weiterveräußerung seiner Produkte befugt (7. 1. 82) 5, 362 IV, 22; (4. 2. 82) 6, 10 IV. 123; (14. 3. 82) 6, 107 IV, 239.

Die Bestimmung handelt nur von dem Dritten, im Gegensatz zu dem Patentinhaber und dessen Rechtsnachfolgern; der Erfinder darf nicht etwa auf Grund des § 5 auch nach der Veräußerung seines Patentes die Erfindung benutzen (9. 11. 82) 7, 401 IV, 792.

Auf Einrichtungen an Fahrzeugen, welche nur vorübergehend in das Inland gelangen, erstreckt sich die Wirkung des Patentes nicht.

§ 6. Der Anspruch auf Ertheilung des Patentes und das Recht aus dem Patente gehen auf die Erben über. Der Anspruch und das Recht können beschränkt oder unbeschränkt durch Vertrag oder durch Verfügung von Todeswegen auf Andere übertragen werden.

§ 7. Die Dauer des Patentes ist fünfzehn Jahre; der Lauf dieser Zeit beginnt mit dem auf die Anmeldung der Erfindung folgenden Tage. Bezweckt eine Erfindung die Verbesserung einer anderen, zu Gunsten des Patentsuchers durch ein Patent geschützten Erfindung, so kann dieser die Ertheilung eines Zusatzpatentes nachsuchen, welches mit dem Patente für die ältere Erfindung sein Ende erreicht.

§ 8. Für jedes Patent ist bei der Ertheilung eine Gebühr von 30 Mark zu entrichten.

Mit Ausnahme der Zusatzpatente (§. 7) ist außerdem für jedes Patent mit Beginn des zweiten und jeden folgenden Jahres der Dauer eine Gebühr zu entrichten, welche das erste Mal 50 Mark beträgt und weiterhin jedes Jahr um 50 Mark steigt.

Einem Patentinhaber, welcher seine Bedürftigkeit nachweist, können die Gebühren für das erste und zweite Jahr der Dauer des Patentes bis zum dritten Jahre gestundet und, wenn das Patent im dritten Jahre erlischt, erlassen werden.

§ 9. Das Patent erlischt, wenn der Patentinhaber auf dasselbe verzichtet, oder wenn die Gebühren nicht spätestens drei Monate nach der Fälligkeit gezahlt werden.

§ 10. Das Patent wird für nichtig erklärt, wenn sich ergiebt:

1. daß die Erfindung nach §§. 1 und 2 nicht patentfähig war,
2. daß der wesentliche Inhalt der Anmeldung den Beschreibungen, Zeichnungen, Modellen, Geräthschaften oder Einrichtungen eines Anderen oder einem von diesem angewendeten Verfahren ohne Einwilligung desselben entnommen war.

§ 11. Das Patent kann nach Ablauf von drei Jahren zurückgenommen werden:

Zu § 10. Die Erklärung der Nichtigkeit hat im Gegensatze zu der Zurücknahme des Patentes (§ 11) rückwirkende Kraft; die Rechtslage ist so anzusehen, als ob für die Erfindung ein gesetzlicher Schutz überhaupt nicht vorhanden gewesen ist. Die vor der Nichtigkeitserklärung verübten Verletzungen des Patentanspruches können nicht bestraft werden (24. 10. 82) 7, 148 IV, 764; (2. 7. 86) 14, 261 VIII, 508.

Der Einwand des Angeklagten, daß das Patent nichtig sei oder für nichtig erklärt werden müßte, darf weder ignorirt noch wegen mangelhafter Substantiirung zurückgewiesen werden. Der Strafrichter muß dem Angeklagten eine Frist zum Zwecke der Erhebung der Nichtigkeitsklage gewähren. Wohl aber darf er einen diesbezüglichen Antrag ablehnen, wenn er die Ueberzeugung gewinnt, daß derselbe nur zum Verschleife der Sache gestellt ist (24. 10. 82) 7, 146 IV, 763.

Zu § 11. Die Zurücknahme des Patentes hat im Gegen-

1. wenn der Patentinhaber es unterläßt, im Inlande die Erfindung in angemessenem Umfange zur Ausführung zu bringen, oder doch Alles zu thun, was erforderlich ist, um diese Ausführung zu sichern;
2. wenn im öffentlichen Interesse die Ertheilung der Erlaubniß zur Benutzung der Erfindung an Andere geboten erscheint, der Patentinhaber aber gleichwohl sich weigert, diese Erlaubniß gegen angemessene Vergütung und genügende Sicherstellung zu ertheilen.

§ 12. Wer nicht im Inlande wohnt, kann den Anspruch auf die Ertheilung eines Patentes und die Rechte aus dem letzteren nur geltend machen, wenn er im Inlande einen Vertreter bestellt hat. Der letztere ist zur Vertretung in dem nach Maßgabe dieses Gesetzes stattfindenden Verfahren, sowie in den das Patent betreffenden bürgerlichen Rechtsstreitigkeiten befugt. Für die in solchen Rechtsstreitigkeiten gegen den Patentinhaber anzustellenden Klagen ist das Gericht zuständig, in dessen Bezirk der Vertreter seinen Wohnsitz hat, in Ermange-

---

satz zu § 10 keine rückwirkende Kraft, die vor derselben erfolgten Patentverletzungen bleiben strafbar (24. 10. 82) 7,148 IV, 764.

Zu § 12. Für die Strafverfolgung ist keineswegs erforderlich, daß der im Inlande bestellte Patentvertreter den Strafantrag stellt, nicht einmal, daß ein solcher Vertreter zur Zeit der Patentverletzung noch bestellt war; der ausländische Patentinhaber kann den Antrag selbst oder durch einen anderweitig hierzu Bevollmächtigten stellen (4. 2. 82) 6,10 IV, 123; (24. 3. 82) 6,119 IV, 276.

lung eines solchen das Gericht, in dessen Bezirk das Patentamt seinen Sitz hat.

Zweiter Abschnitt.

Patentamt.

§ **13.** Die Ertheilung, die Erklärung der Nichtigkeit und die Zurücknahme der Patente erfolgt durch das Patentamt.

— — —

§§ **14—17.** — — —

§ **18.** Das Patentamt ist verpflichtet, auf Ersuchen der Gerichte über Fragen, welche Patente betreffen, Gutachten abzugeben. Im übrigen ist dasselbe nicht befugt, ohne Genehmigung des Reichskanzlers außerhalb seines gesetzlichen Geschäftskreises Beschlüsse zu fassen oder Gutachten abzugeben.

§ **19.** Bei dem Patentamte wird eine Rolle geführt, welche den Gegenstand und die Dauer der ertheilten Patente, sowie den Namen und Wohnort der Patentinhaber und ihrer bei Anmeldung der Erfindung etwa bestellten Vertreter angiebt. Der Anfang, der Ablauf, das Erlöschen, die Erklärung der Nichtigkeit und die Zurücknahme der Patente sind, unter gleichzeitiger Bekanntmachung durch den Reichsanzeiger, in der Rolle zu vermerken.

Tritt in der Person des Patentinhabers oder seines Vertreters eine Aenderung ein, so wird dieselbe, wenn sie in beweisender Form zur Kenntniß des Patentamtes gebracht ist, ebenfalls in der Rolle vermerkt und durch den Reichsanzeiger veröffentlicht. So lange dieses nicht geschehen ist, bleiben der frühere Patentinhaber und sein früherer Vertreter nach Maßgabe dieses Gesetzes berechtigt und verpflichtet.

Die Einsicht der Rolle, der Beschreibungen, Zeichnungen, Modelle und Probestücke, auf Grund deren die Ertheilung der Patente erfolgt ist, steht, soweit es sich nicht um ein im Namen der Reichsverwaltung für die Zwecke des Heeres oder der Flotte genommenes Patent handelt, jedermann frei.

Das Patentamt veröffentlicht die Beschreibungen und Zeichnungen, soweit deren Einsicht jedermann freisteht, in ihren wesentlichen Theilen durch ein amtliches Blatt. In dasselbe sind auch die Bekanntmachungen aufzunehmen, welche durch den Reichsanzeiger nach Maßgabe dieses Gesetzes erfolgen müssen.

Dritter Abschnitt.

Verfahren in Patentsachen.

§§ 20 – 33. — — —

Vierter Abschnitt.

Strafen und Entschädigung.

§ **34.** [L.] Wer wissentlich den Bestimmungen der §§. 4 und 5 zuwider eine Erfindung in Benutzung nimmt,

---

Zu § 34. Wissentliche Patentverletzung begeht nur der, welcher gewußt hat, daß die Erfindung einem Anderen patentirt oder wenigstens einstweilen gegen unbefugte Benutzung geschützt sei [§§ 22. 23] und daß er, der Gebrauchende, nicht die Zustimmung des Berechtigten zum Gebrauche besitze (1.3.81) 4,12.

wird mit Geldstrafe bis zu fünftausend Mark oder mit Gefängniß bis zu Einem Jahre bestraft und ist dem Verletzten zur Entschädigung verpflichtet.

Die Strafverfolgung tritt nur auf Antrag ein.

Hat der Angeklagte den Inhalt des Patentes eines Anderen als verschieden von seiner eigenen Erfindung gehalten, obwohl sie in Wirklichkeit theilweise identisch waren, und hat er hiernach für seine Handlung der Zustimmung des Patentinhabers nicht zu bedürfen geglaubt, so ist wissentliche Verletzung nicht vorhanden (1. 3. 81) 4, 12; (17. 5. 82) IV, 490.

Der irrige Glaube des unberechtigten Nachahmers, daß die Patenterfindung nicht neu und daher ungültig sei, schließt die Bestrafung nicht aus, wohl aber der Irrthum desselben, die Erfindung unterscheide sich nicht von dem Verfahren, welches er schon vor der Patentertheilung im Gebrauch hatte [§ 5] (20. 4. 82) 6, 224 IV, 366.

Das Bewußtsein von der Möglichkeit des rechtsverletzenden Erfolges ohne den Glauben an dessen Nicheintreten [dolus eventualis] genügt (5. 11. 86) 15, 34 VIII, 678. — Dagegen kann der Begriff der Wissentlichkeit nicht durch die Feststellung ersetzt werden, daß der Thäter sich fahrlässig durch Nichtlesen der öffentlichen Bekanntmachungen des Patentamtes in Unkenntniß von der Patentertheilung erhalten hat; eine Rechtsvermuthung, daß eine solche Bekanntmachung das strafbare Bewußtsein des objektiv Verletzenden ohne weiteres erweise, ist vom Gesetz nicht aufgestellt (17. 12. 81) 5, 268.

Zu § 34, Abs. 2. Derjenige, welchem von dem Patentinhaber zwar nicht das Patentrecht, wohl aber die Ausübung desselben übertragen ist, kann den Strafantrag stellen (14. 11. 84) 11, 266; so auch derjenige, welchem die Ausübung nur für bestimmte Landesgebiete übertragen ist, hinsichtlich der in diesen Gebieten begangenen Patentverletzungen (25. 2. 84) VI, 144.

Daß für einen ausländischen Patentinhaber der Strafantrag

§ **35.** Erfolgt die Verurtheilung im Strafverfahren, so ist dem Verletzten die Befugniß zuzusprechen, die Verurtheilung auf Kosten des Verurtheilten öffentlich bekannt zu machen. Die Art der Bekanntmachung, sowie die Frist zu derselben ist im Urtheil zu bestimmen.

§ **36.** Statt jeder aus diesem Gesetze entspringenden Entschädigung kann auf Verlangen des Beschädigten neben der Strafe auf eine an ihn zu erlegende Buße bis zum Betrage von zehntausend Mark erkannt werden. Für diese Buße haften die zu derselben Verurtheilten als Gesammtschuldner.

Eine erkannte Buße schließt die Geltendmachung eines weiteren Entschädigungsanspruchs aus.

§§ **37. 38.** — — —

§ **39.** Darüber, ob ein Schaden entstanden ist und wie hoch sich derselbe beläuft, entscheidet das Gericht unter Würdigung aller Umstände nach freier Ueberzeugung.

§ **40.** [A.] Mit Geldstrafe bis zu einhundertfünfzig Mark oder mit Haft wird bestraft:

1. wer Gegenstände oder deren Verpackung mit einer Bezeichnung versieht, welche geeignet ist, den Irrthum zu erregen, daß die Gegenstände durch ein Patent nach Maßgabe dieses Gesetzes geschützt seien;

---

durch einen im Inlande bestellten Patentvertreter gestellt werde, ist nicht erforderlich [vgl. Anm. zu § 12].

Die Antragsfrist beginnt mit dem Zeitpunkt, in welchem der Patentinhaber, nicht etwa der von ihm Bevollmächtigte von der Verletzung Kenntniß erlangt hat (24. 3. 82) 6, 119 IV, 276.

2. wer in öffentlichen Anzeigen, auf Aushängeschildern, auf Empfehlungskarten oder in ähnlichen Kundgebungen eine Bezeichnung anwendet, welche geeignet ist, den Irrthum zu erregen, daß die darin erwähnten Gegenstände durch ein Patent nach Maßgabe dieses Gesetzes geschützt seien.

Fünfter Abschnitt.

Uebergangsbestimmungen.

§§ **41—45.** — — —

Gesetz, betreffend Zuwiderhandlungen gegen die zur Abwehr der Rinderpest erlassenen Vieh-Einfuhrverbote.

Vom 21. Mai 1878.

(R.G.Bl. S. 95.)

§ **1.** [L.] Wer den auf Grund des Gesetzes vom 7. April 1869 (Bundes-Gesetzbl. S. 105) zur Verhütung

---

Voraussetzung für den Erlaß der Beschränkungen und Verbote ist der Ausbruch der Rinderpest in einem Bundesstaate oder in einem an das Gebiet des Reiches angrenzenden oder mit demselben im direkten Verkehr stehenden Lande. Für diesen Fall verpflichtet und ermächtigt das Gesetz v. 7. 4. 69, Maßregeln gegen die Rinderpest betreffend, in § 1 die zuständigen Verwaltungsbehörden der betreffenden Bundesstaaten, alle Maßregeln zu ergreifen, welche geeignet sind, die Verschleppung und beziehentlich die Weiterverbreitung der Seuche zu verhüten und die im Lande selbst ausgebrochene Seuche zu unterdrücken.

der Einschleppung der Rinderpest erlassenen Beschränkungen oder Verboten der Einfuhr lebender Wiederkäuer

---

Zu den zahlreichen, je nach den Umständen zu ergreifenden Maßregeln, welche § 2 des cit. Gesetzes aufzählt, gehören auch die Einfuhr-Verbote und -Beschränkungen. Das Gesetz v. 21. 5. 78 betrifft lediglich die Einfuhr von Vieh, und zwar nur einer ganz bestimmten Art, nämlich lebender Wiederkäuer; die Verletzung anderer Einfuhrverbote oder sonstiger Absperrungs- oder Aufsichtsmaßregeln fällt, vorausgesetzt daß sie wissentlich begangen ist, unter die Strafbestimmung des St. G. B. § 328. — Ueber das Verhältniß der beiden Strafvorschriften, von denen die Anwendung der milderen (§ 328) durch die härtere ausgeschlossen wird [keine Idealkonkurrenz], vgl. (20. 2. 80) 1,215 I,384; (2. 7. 83) 9,190; (17. 9. 83) V, 534; (30. 6. 84) 11,66; (27. 1. 85) VII, 57.

Nur die verbotswidrige Einfuhr von lebenden Wiederkäuern in den Bundesstaat, dessen zuständige Verwaltungsbehörde die Anordnung erlassen hat, — also vom Auslande oder von einem anderen Bundesstaate her — ist hier unter Strafe gestellt; Zuwiderhandlungen gegen Verbote, welche sich auf den Transport von Rindvieh von einem Ort in einen anderen desselben Bundesstaates beziehen, sind aus § 328 Str.G.B.'s zu beurtheilen (15. 6. 80) 2,114.

Andererseits findet das Gesetz nicht allein auf die unmittelbare (körperliche) Handlung des Einführens Anwendung, sondern auf jede Handlung, welche sich als Zuwiderhandlung gegen die Beschränkungen oder Verbote der Einfuhr darstellt (10. 2. 81) 3,378 III, 34; vgl. (24. 1. 80) I, 268. Zu letzteren zählen auch Maßnahmen, welche mit der Einfuhr selbst nur in mittelbarem Zusammenhang stehen, z. B. Vorschriften, denen erst nach der Einführung der lebenden Wiederkäuer Folge gegeben werden kann (3. 5. 86) 14,253 VIII,332; vgl. ferner (30. 6. 84) 11, 65; (12. 5. 87) 16, 136. — Verbotswidrige Einführung kann auch bei solchen Personen angenommen werden, welche bei der unmittelbaren Herüberschaffung

vorsätzlich zuwiderhandelt, wird mit Gefängniß von Einem Monat bis zu zwei Jahren bestraft.

Der Versuch ist strafbar.

über die Grenze nicht mitgewirkt haben (23. 9. 80) 2,260 II,241 (30. 6. 85) VII,445. So ist der Unternehmer, welcher durch Dritte Vieh über die Grenze transportiren läßt, selbständiger Thäter, nicht Anstifter (24. 1. 80) I,207.

Die Einfuhr-Verbote und -Beschränkungen sind nur rechtswirksam, wenn sie von der zuständigen Verwaltungsbehörde erlassen sind. In Preußen ist dies die Regierung [sonach in Berlin das Polizei-Präsidium (15. 6. 80) 2,113] als Landespolizeibehörde (14. 11. 79) I,71; (4. 5. 80) 2,151 I,724; (10. 2. 85) 12,38 VII,96. Die ihr untergeordneten Organe [Ortscommissar, Landrath] sind zum selbständigen Erlaß der Anordnungen nicht befugt; wohl aber können sie von der zuständigen Behörde zum Erlaß vorläufiger Anordnungen ermächtigt werden, dieselben haben dann Gültigkeit, bis sie von letzterer wieder aufgehoben werden (4. 5. 80) 2,151 I,724.

Die Einfuhr ist vollendet, wenn das Vieh über die Eintrittsstation hinaus geschafft ist, mag die Landesgrenze bereits früher oder noch nicht überschritten sein. Ist das Vieh über die Eingangsstation und deren amtliche Geschäftsräume hinaus nicht weiter gelangt, so kann allenfalls Versuch vorliegen (21. 10. 86) 15,1 VIII,635.

Vorsätzlich handelt nur der, welcher von der verletzten Beschränkungs- oder Verbotsvorschrift nach Sinn und Umfang volle Kenntniß gehabt hat. Irrthum über Umfang oder Sinn der Anordnung schließt die Vorsätzlichkeit aus (19. 4. 88) 17,318.

Zu § 1. Die Zuwiderhandlung gegen diesen § enthält zugleich in Idealkonkurrenz den Thatbestand der Kontrebande im § 134 des Vereinszollgesetzes: des Unternehmens, verbotswidrig Gegenstände ein-, aus- oder durchzuführen (27. 4. 80) I,681; schließt dagegen begrifflich die Annahme des mit der Kontrebande zusammentreffenden Thatbestandes gleichzeitiger Zoll-

§ 2. [L.] Wird die Zuwiderhandlung in der Absicht begangen, sich oder einem Anderen einen Vermögensvortheil zu verschaffen oder einem Anderen Schaden zuzufügen, so tritt Zuchthausstrafe bis zu fünf Jahren oder Gefängniß nicht unter sechs Monaten ein.

§ 3. [A.] Wer den im §. 1 bezeichneten Beschränkungen oder Verboten aus Fahrlässigkeit zuwiderhandelt, wird mit Geldstrafe bis zu sechshundert Mark oder mit Gefängniß bis zu drei Monaten bestraft.

Bei Personen, welche nicht weiter als fünfzehn Kilometer von der Grenze entfernt ihren Wohnsitz oder gewöhnlichen Aufenthalt haben, ingleichen bei Personen, welche mit den durch die Beschränkungen oder Verbote betroffenen Thieren gewerbsmäßig Handel treiben, insbesondere Fleischern und Viehhändlern, sowie den Gehülfen dieser Personen, ist die Unkenntniß dieser Beschränkungen oder Verbote als durch Fahrlässigkeit verschuldet anzunehmen, wenn sie nicht den Nachweis

---

defraudation aus, denn eine solche liegt nur dann vor, wenn bei Gegenständen, deren Einfuhr erlaubt ist, diese unter Hinterziehung der Abgaben unternommen wird (21. 10. 80) 2,370 II,368.

Zu § 2. Die Absicht des Zuwiderhandelnden muß auf eine günstigere Gestaltung der Vermögenslage gerichtet sein (18. 10. 80) 2, 352. Es genügt, wenn die Zuwiderhandlung gegen eine Einfuhrbeschränkung in der Absicht begangen wird, die Gebühren für die amtliche Bewilligung der Einfuhr zu sparen (10. 2. 81) 3, 378 III,33. War dagegen die Einfuhr überhaupt nicht zulässig, so kann in der Hinterziehung der Eingangsgebühr für das gegen das Verbot eingeführte Vieh die Verschaffung eines Vermögensvortheils nicht gefunden werden (17. 9. 83) V, 534; vgl. hierzu den Schluß der vorigen Anmerkung.

führen, daß sie ohne ihr Verschulden durch besondere Umstände verhindert waren, von denselben Kenntniß zu erlangen.

§ 4. Ist in Folge der Zuwiderhandlung Vieh von der Seuche ergriffen worden, so ist

[L.] in dem Falle des §. 1 auf Gefängniß nicht unter drei Monaten,

[S.] in dem Falle des §. 2 auf Zuchthaus bis zu zehn Jahren oder Gefängniß nicht unter Einem Jahre,

[L.] in dem Falle des §. 3 auf Geldstrafe bis zu zweitausend Mark oder auf Gefängniß bis zu Einem Jahre

zu erkennen.

Gesetz, betreffend den Verkehr mit Nahrungsmitteln, Genußmitteln und Gebrauchsgegenständen.

Vom 14. Mai 1879.

(R.G.Bl. S. 145.)

§ 1. Der Verkehr mit Nahrungs- und Genußmitteln, sowie mit Spielwaaren, Tapeten, Farben, Eß-,

---

Das Gesetz bezieht sich nur auf Nahrungs- und Genußmittel für Menschen (2. 7. 81) III, 456; (7. 3. 82) IV, 231. Diese aber umfaßt es allgemein, ohne Unterschied, ob der Gegenstand sofort genossen werden kann oder vor dem Genuß oder behufs desselben

Trink- und Kochgeschirr und mit Petroleum unterliegt der Beaufsichtigung nach Maßgabe dieses Gesetzes.

§ 2. Die Beamten der Polizei sind befugt, in die Räumlichkeiten, in welchen Gegenstände der in §. 1 bezeichneten Art feilgehalten werden, während der üblichen Geschäftsstunden oder während die Räumlichkeiten dem Verkehr geöffnet sind, einzutreten.

Sie sind befugt, von den Gegenständen der in §. 1 bezeichneten Art, welche in den angegebenen Räumlichkeiten sich befinden, oder welche an öffentlichen Orten, auf Märkten, Plätzen, Straßen oder im Umherziehen verkauft oder feilgehalten werden, nach ihrer Wahl Proben zum Zwecke der Untersuchung gegen Empfangsbescheinigung zu entnehmen. Auf Verlangen ist dem Besitzer ein Theil der Probe amtlich verschlossen oder versiegelt zurückzulassen. Für die entnommene Probe ist Entschädigung in Höhe des üblichen Kaufpreises zu leisten.

---

noch einer besonderen Bearbeitung oder Zubereitung [z. B. Getreide ebenso, wie das daraus zu gewinnende Mehl (2. 7. 81) III, 456], oder einer Verbindung mit anderen Stoffen bedarf [z. B. Hopfen (10. 7. 82) IV, 684]. — Auch lebende Thiere, welche zum Zwecke des Schlachtens und Verwerthens des Fleisches als menschliches Nahrungsmittel in den Verkehr kommen, fallen selbst als Nahrungsmittel unter die Bestimmungen des Gesetzes (2. 12. 86) VIII, 721.

Die Eigenschaft bezw. die Anpreisung eines Präparates als eines Arzneimittels schließt dessen gleichzeitige Auffassung als Genußmittel nicht aus (13. 7. 81) 4, 393.

Zu §§ 2 ff. Ueber den Begriff „Feilhalten" vgl. Anm zu § 10, Ziff. 2.

§ 3. Die Beamten der Polizei sind befugt, bei Personen, welche auf Grund der §§. 10, 12, 13 dieses Gesetzes zu einer Freiheitsstrafe verurtheilt sind, in den Räumlichkeiten, in welchen Gegenstände der in §. 1 bezeichneten Art feilgehalten werden, oder welche zur Aufbewahrung oder Herstellung solcher zum Verkaufe bestimmter Gegenstände dienen, während der in §. 2 angegebenen Zeit Revisionen vorzunehmen.

Diese Befugniß beginnt mit der Rechtskraft des Urtheils und erlischt mit dem Ablauf von drei Jahren von dem Tage an gerechnet, an welchem die Freiheitsstrafe verbüßt, verjährt oder erlassen ist.

§ 4. Die Zuständigkeit der Behörden und Beamten zu den in §§. 2 und 3 bezeichneten Maßnahmen richtet sich nach den einschlägigen landesrechtlichen Bestimmungen.

Landesrechtliche Bestimmungen, welche der Polizei weitergehende Befugnisse als die in §§. 2 und 3 bezeichneten geben, bleiben unberührt.

§ 5. Für das Reich können durch Kaiserliche Verordnung mit Zustimmung des Bundesraths zum Schutze der Gesundheit Vorschriften erlassen werden, welche verbieten:

1. bestimmte Arten der Herstellung, Aufbewahrung und Verpackung von Nahrungs- und Genußmitteln, die zum Verkaufe bestimmt sind;

Zu § 4, Abs. 2. Im Gebiet des preuß. Allg. Landrechts ist ein Polizeibeamter befugt, ein im Marktverkehre angetroffenes Nahrungsmittel, welches gesundheitsgefährlich erscheint, zum Zwecke näherer Untersuchung in Beschlag zu nehmen (23. 10. 83) 9, 121 V, 637.

2. das gewerbsmäßige Verkaufen und Feilhalten von Nahrungs- und Genußmitteln von einer bestimmten Beschaffenheit oder unter einer der wirklichen Beschaffenheit nicht entsprechenden Bezeichnung;
3. das Verkaufen und Feilhalten von Thieren, welche an bestimmten Krankheiten leiden, zum Zwecke des Schlachtens, sowie das Verkaufen und Feilhalten des Fleisches von Thieren, welche mit bestimmten Krankheiten behaftet waren;
4. die Verwendung bestimmter Stoffe und Farben zur Herstellung von Bekleidungsgegenständen, Spielwaaren, Tapeten, Eß-, Trink- und Kochgeschirr, sowie das gewerbsmäßige Verkaufen und Feilhalten von Gegenständen, welche diesem Verbote zuwider hergestellt sind;
5. das gewerbsmäßige Verkaufen und Feilhalten von Petroleum von einer bestimmten Beschaffenheit.

§ 6. Für das Reich kann durch Kaiserliche Verordnung mit Zustimmung des Bundesraths das gewerbsmäßige Herstellen, Verkaufen und Feilhalten von Gegenständen, welche zur Fälschung von Nahrungs- oder Genußmitteln bestimmt sind, verboten oder beschränkt werden.

§ 7. Die auf Grund der §§. 5, 6 erlassenen Kaiserlichen Verordnungen sind dem Reichstag, sofern er versammelt ist, sofort, anderenfalls bei dessen nächstem Zusammentreten vorzulegen. Dieselben sind außer Kraft zu setzen, soweit der Reichstag dies verlangt.

§ 8. [A.] Wer den auf Grund der §§. 5, 6 erlassenen Verordnungen zuwiderhandelt, wird mit Geldstrafe bis zu einhundertfünfzig Mark oder mit Haft bestraft.

Landesrechtliche Vorschriften dürfen eine höhere Strafe nicht androhen.

§ 9. [A.] Wer den Vorschriften der §§. 2 bis 4 zuwider den Eintritt in die Räumlichkeiten, die Entnahme einer Probe oder die Revision verweigert, wird mit Geldstrafe von fünfzig bis zu einhundertfünfzig Mark oder mit Haft bestraft.

§ 10. [L. A.] Mit Gefängniß bis zu sechs Monaten und mit Geldstrafe bis zu eintausendfünfhundert Mark oder mit einer dieser Strafen wird bestraft:

1. wer zum Zwecke der Täuschung im Handel und

Zu §§ 10–14. Verhältniß der §§ 10, 11 zu den §§ 12–14: erstere sind zum Schutze wirthschaftlicher Interessen gegen den unredlichen oder nachlässigen Verkehr mit Nahrungs- oder Genußmitteln gegeben, während die strengeren §§ 12–14 die Sicherung der menschlichen Gesundheit ausschließlich im Auge haben (11. 3. 81) III, 136; (11. 2. 82) 6, 35 IV, 150; (24. 2. 82) IV, 194. Daher ist das Moment der Täuschung auch nur ein Thatbestandsmerkmal der §§ 10 u. 11 (11. 3. 81) III, 137.

Zu § 10, Ziff. 1. „Nachmachen" ist Herstellung einer Sache unter Erzeugung des Scheines, aber nicht des Wesens und Gehaltes einer Sache; „Verfälschung" dagegen ist die substantielle Veränderung einer Sache durch Zusatz oder Entziehen von Stoffen (14. 7. 81) 4, 434 III, 486; (24. 2. 82) IV, 195; (2. 11. 86) 14, 432 VIII, 666; (25. 3. 89) 19, 152. — In jedem Falle muß der Akt des Nachmachens bezw. Verfälschens an der Sache selbst vorgenommen sein; solche Fälle, in denen es sich ausschließlich um die Bezeichnung der Waare handelt [z. B.

Verkehr Nahrungs- oder Genußmittel nachmacht oder verfälscht;

---

falsche Etiquettirung], können wohl den Thatbestand des Betruges enthalten, verstoßen aber nicht gegen das Nahrungsmittelgesetz (14. 7. 81) 4, 434 III, 486; (2. 11. 86) 14, 429 VIII, 664. — Margarine kann als „nachgemachte Milchbutter" bezeichnet werden (25. 3. 89) 19, 152.

Für den Begriff des Nachmachens ist es ohne Bedeutung, ob die täuschenden Mittel leicht und von Jedermann, oder nur schwer und nur von Sachverständigen zu erkennen sind (15. 5. 82) IV, 487.

Eine in § 10 des Gesetzentwurfes gegebene und im Allgemeinen zutreffende Definition des Begriffs „verfälschen" ist absichtlich, um jede Beschränkung der freien Auslegung zu vermeiden, in das Gesetz nicht aufgenommen worden. Verfälschung eines Nahrungsmittels liegt in der Regel vor, entweder wenn dasselbe [in seiner normalen Beschaffenheit] durch Entnehmen oder Zusetzen von Stoffen [äußerlich nicht erkennbar] verschlechtert oder wenn einer minder guten oder minder gut gewordenen Waare durch Anwendung künstlicher Mittel [z. B. durch Färben (18. 2. 82) 6, 51 IV, 174] der Schein einer besseren Beschaffenheit gegeben worden ist (2. 12. 81) 5, 178 III, 761; (18. 2. 82) 6, 51 IV, 174; (24. 2. 82) IV, 194; (20. 11. 82) 7, 338 IV, 826; (18. 12. 82) 7, 318 IV, 876; (15. 12. 84) 11, 294 VI, 817; (15. 12. 84) 12, 94 VI, 822; (21. 4. 85) VII, 289; (21. 5. 85) VII, 314; (1. 10. 85) 12, 400 VII, 546; (28. 2. 87) 15, 323 IX, 163; (31. 1. 88) 17, 90 X, 64. — Damit sind jedoch nicht alle erdenkbaren Fälle der Verfälschung erschöpft: so ist Verfälschung von Butter darin gefunden worden, daß bei der Herstellung ein den normalmäßigen Prozentsatz übersteigendes Quantum Wasser in der Butter gelassen wurde (31. 1. 88) 17, 90 X, 64 [hier liegt also die Verfälschung in dem Belassen von Stoffen, welche bei normaler Herstellung aus der Waare entfernt werden mußten].

Der Stoff, durch dessen Zusatz das Nahrungsmittel verfälscht wird, braucht nicht anderer Art zu sein, z. B. Bierfälschung durch Vermischung mit abgestandenen Bierresten, sog. Neigenbier (1. 10. 85) 12, 400 VII, 546. Es genügt jeder die Qualität verschlechternde Zusatz von Bestandtheilen desselben Produktes (4. 6. 81) 4, 311 III, 376.

Auch das ist eine Verfälschung, wenn einem verdorbenen Nahrungsmittel ohne Veränderungen in der Substanz der Anschein einer besseren Beschaffenheit gegeben wird (2. 12. 81) 5, 178 III, 761.

Daß die Waare als Nahrungsmittel unbrauchbar oder gesundheitsschädlich sein müsse, gehört nicht zum Thatbestand des § 10 (13. 11. 80) 3, 235 II, 506; (24. 2. 82) IV, 195.

Im Hinblick auf den wirthschaftlichen, gegen die Unlauterkeit im Verkehre gerichteten Hauptzweck des § 10 ist, sobald es sich um bereits zum Abschluß gelangte Geschäfte handelt, vorzugsweise auf die Intention der Parteien, also darauf zu sehen, welche Eigenschaften der Waare bei reellem Verkehr unter den Umständen, die bei dem einzelnen abgeschlossenen Geschäfte obwalteten, zu erwarten gewesen wären. Hiernach kann dasjenige Verfahren nicht als Verfälschung gelten, welches durch bekannte oder als bekannt vorauszusetzende, an sich nicht verwerfliche Geschäftsgebräuche hergebracht ist, sofern es nicht der Vereinbarung im konkreten Falle widerspricht (18. 2. 82) 6, 53 IV, 177; (20. 1. 87) 15, 195 IX, 73. — Doch darf das „Herkommen“ nicht mit der gewohnheitsmäßigen Täuschung des vielleicht minder empfindlich gewordenen Publikums verwechselt werden (2. 11. 86) 14, 437 VIII, 672; (20. 1. 87) 15, 195 IX, 73. [So stellt sich Gallisiren oder Petiotisiren von Wein nur als ein gewohnheitsmäßiger Geschäftskniff des Produzenten, nicht aber als eine herkömmliche Duldung des Publikums dar (20. 1. 87) 15, 195 IX, 73.] Diejenigen Geschäftsgebräuche gelten als berechtigt, welche dem Zwecke dienen, den Konsumenten gesunde, ihren Bedürfnissen entsprechende Nahrungsmittel zu verschaffen. Unberechtigt sind dagegen Geschäftsgebräuche, welche den Zwecken der Gesundheitspflege widerstreiten, indem sie den Nähr- oder Genußwerth der Lebensmittel vernichten oder verringern, außerdem aber alle

Gebräuche, welche ihre Entstehung und ihr Fortbestehen nur dem Bestreben verdanken, das konsumirende Publikum hinsichtlich der Beschaffenheit und des Werthes der Lebensmittel zu täuschen (2. 11. 86) 14, 441 VIII, 675.

Bei Naturprodukten ist die auf der Grundlage des normalen Zustandes zu bemessende Frage, ob eine Verfälschung vorliege, leichter festzustellen, als bei Kunstprodukten [durch künstliche Zubereitung hergestellten Nahrungs- oder Genußmitteln]: bei ersteren giebt die Natur selbst den Maßstab der Vergleichung, bei den Kunstprodukten ist vor allem die normale Herstellungsweise und Zusammensetzung in Betracht zu ziehen (18. 12. 82) 7, 314 IV, 876; (23. 9. 86) VIII, 553; (2. 11. 86) 14, 430 VIII, 664. Sie gelten als verfälscht, sobald ihnen andere als die gesetzlich und herkömmlich zulässigen Stoffe beigemengt werden (15. 12. 84) 11, 294 VI, 816. Hinsichtlich des „Herkommens" gilt hier ganz besonders auch das in der vorigen Note Gesagte; unter dem in Betracht zu ziehenden Geschäftsgebrauch ist nur der aus der Natur des reellen Verkehrs sich ergebende, die berechtigten Erwartungen des Publikums berücksichtigende Gebrauch zu verstehen (7. 1. 87) 15, 102; (14. 11. 87) 16, 317. — Dabei ist zu beachten, daß nicht jede Abweichung von der bisher üblichen Fabrikationsart, noch auch ein ungehöriger oder gar durch ein Gesetz verbotener Zusatz unter allen Umständen den Thatbestand einer „Verfälschung" herstellt. Die Absicht des Fabrikanten muß dabei auf die Erzeugung des Scheines gerichtet sein, als besitze die Waare einen Gebrauchs- oder Verkehrswerth, den sie nicht besitzt (20. 11. 82) 7, 339 IV, 826; (15. 12. 84) 12, 94 VI, 822. — Beispiele für unzulässige Geschäftsgebräuche: Beimischung von Mehl zu Wurstwaaren (23. 9. 86) VIII, 552; (7. 1. 87) 15, 161; Zusatz von Kastormehl [aus Lupinen und Saubohnen] zu Getreidemehl (14. 11. 87) 16, 316.

Die Frage nach der Echtheit einer Waare ist objektiv und kann für denselben Gegenstand nicht verschieden nach dem Ort, für welchen er bestimmt ist, beantwortet werden; sie ist, sofern Gesetz und Herkommen für ihre normale Beschaffenheit entscheidend sind, nach den am Orte ihrer Herstellung entscheidenden Normen zu beurtheilen. So ist es für bayerisches Bier gleichgültig, ob es für Bayern bestimmt ist oder nicht (30. 3. 85) VII, 206. — Andererseits sind nicht nur der am Orte der Herstellung herrschende Geschäftsgebrauch, sondern auch die berechtigten Ansprüche des Absatzgebietes und des dortigen Publikums, das nicht durch ihm unbekannte Abweichungen getäuscht werden darf, zu berücksichtigen (14. 11. 87) 16, 318.

Einzelne Arten von Verfälschungen:

Himbeerliqueur: Das Färben desselben mit Fuchsin enthält den Thatbestand der Verfälschung, wenn es zur Verdeckung des zu geringen Gehaltes an natürlichem Himbeersaft geschieht (24. 2. 82) IV, 197 [Urt. des II. Straffenates. Derselbe Senat verwarf jedoch die Revision gegen ein freisprechendes Urtheil, welches „durch den rein thatsächlichen und vielleicht thatsächlich unrichtigen, aber nicht ersichtlich von einem Rechtsirrthum beeinflußten Grund allein getragen wurde": daß nicht festgestellt sei, daß die Qualität des Himbeerliqueurs von dem Gehalt an Fruchtsaft bestimmt werde (26. 5. 82) IV, 519.]

Saffran: Bei dessen Verfälschung ist zu prüfen, ob er abgesehen von seiner Verwendung als Färbemittel, nicht auch — insbesondere unter Berücksichtigung der lokalen Gebräuche — als Gewürz und danach als Genußmittel in Betracht kommt (17. 2. 87) IX, 138.

Wein: Unter Wein ist im allgemein gebräuchlichen Sinne nur dasjenige Getränk zu verstehen, welches ohne jeden Zusatz aus Traubensaft durch alkoholische Gährung entstanden ist. Immerhin ist jedoch der Wein in gewissem Sinne auch ein Kunstprodukt, „dessen Güte im Allgemeinen mit Manipulationen zusammenhängt, die von der Geschicklichkeit und Erfahrung des Einzelnen abhängen, welcher sich mit der Herstellung resp. der Conservirung der Weine beschäftigt" [Mat. zur techn. Begründung des Gesetzentwurfes]. Allein alle diese Manipulationen bedingen keinen dauernden Zusatz fremder Stoffe, sondern können ohne Substanzveränderung mit dem Naturprodukte, höchstens unter Benutzung älterer gleichartiger Stoffe oder mechanisch wirkender wieder ausscheidbarer Stoffe vorgenommen werden. Allerdings sind auch bzgl. der Beimischung fremder Stoffe die herkömmlichen Formen der Herstellung zu berücksichtigen [Champagner, südliche Weine, sog. Süßweine haben herkömmliche Zusätze] (20. 1. 87) 15, 192 IX, 71; vgl. auch (2. 11. 86) 14, 428 VIII, 661; mouillage u. coupage [Zusatz von Wasser u. Sprit, bezw. Verschneiden]. In den Weingegenden Deutschlands besteht ein solches Herkommen nicht; daher gilt bei deutschen Weinen Gallisiren [Zugießen einer Lösung von Zucker und Wasser zum Wein bzw. zum Moste] und Petiotisiren [Aufguß von Zuckerwasser auf die Trauben behufs nochmaliger Gährung] als Verfälschung (1. 11. 80) 2, 418; (20. 1. 87) 15, 192 IX, 71; (12. 12. 87) IX, 717. — Diese sog. „Weinverbesserungsmethoden" sind übrigens nicht unbedingt verboten; jedoch nur dann erlaubt, wenn die Thatsache ihrer Anwendung dem Konsumenten nicht verheimlicht wird. Nur gallisirten oder sonst „verbesserten" Wein schlechthin als „Wein" in Verkehr zu bringen, ist gesetzwidrig (20. 1. 87) 15, 192 IX, 74.

Die Beimischung des Saftes von Hollunderbeeren (Flieder) ist als Weinverfälschung zu erachten (28. 2. 87) 15, 321 IX, 161.

Bier: Als Bierverfälschung ist zu erachten der Zusatz von Biercouleur (30. 3. 85) VII, 203; (11. 6. 85) VII, 374, sowie von nicht reinem Traubenzucker (4. 3. 84) VI, 170.

In Bayern darf Bier nur aus Hopfen, Malz und Wasser bestehen [und zwar darf für „Braunbier" nur Gerstenmalz, für „Weißbier" aber auch Malz aus sonstigen Getreidearten verwendet werden (31. 3. 84) 10, 266 VI, 250.] Jeder Zusatz von Stoffen irgendwelcher Art ist durch Art. 7 des bayer. Malzaufschlaggesetzes vom 16. 5. 68 (in der Fassung vom 18. 8. 79) verboten. [Das Publikum ist sonach zu der Annahme berechtigt, daß jede Eigenschaft des bayerischen Bieres, also Gehalt, Geschmack und Aussehen (Farbe), ein Produkt dieser allein zulässigen Mischung sei (30. 3. 85) VII, 204.] Demgemäß wird für in Bayern gebrautes Bier jede Verwendung fremder Stoffe, als von der normalen Herstellungsweise abweichend, regelmäßig eine Verletzung des Nahrungsmittelgesetzes involviren, jedoch nicht nothwendig und unbedingt, sondern nur, wenn die Beimischung sei es durch Herbeiführung einer Verschlechterung oder einer scheinbaren Verbesserung einen Einfluß auf das Produkt ausübt (18. 12. 82) 7, 314 IV, 876; (5. 7. 83) 8, 436 V, 496; (31. 3. 84) 10, 272 VI, 254; (15. 12. 84) 11, 294 VI, 814; (15. 12. 84) 12, 94 VI, 819; (21. 5. 85) VII, 314; (30. 11. 85) VII, 707.

Die Anwendung von Klärungsmitteln welche keinerlei Einfluß auf die Substanz und die Zusammensetzung des Bieres äußern und dessen Beschaffenheit und Bestandtheile in keiner Weise verändern, verstößt weder gegen Art. 7 des bayer. Malzaufschlaggesetzes, noch gegen das Nahrungsmittelgesetz (5. 7. 83) 8, 434 V, 495. Ueber die Verwendung von Hausenblase und Gelatine vgl. cit. Urt. und (21. 5. 85) VII, 316.

Ueber die Verwendung von Salicylsäure als Entsäurungsmittel vgl. (15. 12. 84) 11, 294 VI, 814; (21. 5. 85) VII, 314; (30. 11. 85) 13, 97 VII, 705; (30. 11. 85) VII, 707.

Dolus.

Der Dolus des Verfertigers nachgemachter bzw. verfälschter Nahrungs- oder Genußmittel liegt [neben dem Bewußtsein, daß sein Thun denjenigen Zustand des Genußmittels zur Folge haben werde, welchen das Gesetz mit den Worten „nachgemacht" bzw. „verfälscht" bezeichnet (2. 11. 86) 14, 437 VIII, 672] in der Absicht, über die Qualität des Produktes im Handel und Verkehr zu täuschen, d. h. dasselbe als echtes in Verkehr zubringen. — Daß bei einer Verfälschung durch Verschlechterung die Absicht gerade auf die „Verschlechterung" als solche gegangen sei, ist nicht nöthig und erscheint sogar der Natur der Sache nach regelmäßig ausgeschlossen, da die Verschlechterung an sich nie Selbstzweck sein wird. Die Absicht geht auf Täuschung, das Mittel der Täuschung ist die Verschlechterung (28. 2. 87) 15, 323 IX, 161.

Daß der Verfertiger seine unmittelbaren Abnehmer zu täuschen beabsichtigt, wird nicht vorausgesetzt (17. 1. 81) 3, 269 II, 737; (17. 1. 81) 3, 274 II, 735; (2. 11. 86) 14, 438 VIII, 672;

2. wer wissentlich Nahrungs- oder Genußmittel, welche verdorben oder nachgemacht oder verfälscht sind, unter

---

ebensowenig, daß er außer der Handlung des Nachmachens bezw. Verfälschens noch eine weitere Handlung vornimmt, in welcher die Täuschung einer anderen Person liegt (17. 1. 81) 3, 273 II, 735.

Eine gewinnsüchtige Absicht ist für den Dolus nicht erforderlich (15. 12. 84) 12, 94 VI, 824.

Zu § 10, Ziff. 1 u. 2. Realkonkurrenz von Ziff. 1 und Ziff. 2 kann in dem Verkauf bezw. Feilhalten verfälschter oder nachgemachter Waaren durch den Hersteller gefunden werden (17. 1. 81) 3, 269 II, 737; (13. 4. 84) 10, 198; jedoch nur dann, wenn der Verkauf bezw. das Feilhalten aus einem besonderen, bei der Herstellung noch nicht gefaßten Willensakte hervorging. Entsprangen Herstellung und Verkauf aus derselben von vornherein gefaßten Absicht, so liegt nur eine die beiden Strafvorschriften verletzende Handlung vor. Dasselbe gilt, wenn der Verkauf nicht blos die Merkmale des § 10, Ziff. 2, sondern außerdem auch noch die des Betruges an sich trägt (11. 12. 84) 11, 355 VI, 795. Anders: (8. 12. 87) IX, 710, wonach Fälschung [Ziff. 1] und Verkauf [Ziff. 2] selbständige Delikte bleiben, selbst wenn die durch denselben Thäter verübte Fälschung als Vorbereitung zum Verkaufe vorgenommen wurde.

Zu § 10, Ziff. 2. Verhältniß zu Str.G.B. § 367, Ziff. 7: aus den unter letztere Strafbestimmung fallenden Handlungen sind die mit Vorsatz begangenen, und soviel das Feilhalten betrifft, die durch Anwendung eines auf Täuschung berechneten besondern Mittels erschwerten Handlungen herausgehoben und mit härterer Strafe bedroht, während für die in solcher Weise nicht ausgezeichneten Handlungen die Vorschrift des Str.G.B. § 367, Ziff. 7 bestehen geblieben ist (11. 2. 82) 6, 34 IV, 149.

Verhältniß zu Str.G.B. § 263: beide Strafbestimmungen können ideell konkurriren; § 10, Ziff. 2 schließt nicht etwa als Specialgesetz die Anwendung des Str.G.B § 263 aus (13. 11. 80) 3, 234 II, 506; (11, 12. 84) 11, 355 VI, 795; (12. 12. 87) IX, 717.

Verschweigung dieses Umstandes verkauft oder unter einer zur Täuschung geeigneten Bezeichnung feilhält.

Ueber die Begriffe „nachmachen“ und „verfälschen“ vgl. Anm. zu § 10, Ziff. 1. — Es ist irrelevant, daß die gelieferte Waare ein im reellen Handel vorkommender und als Nahrungsmittel begehrter Artikel ist, sofern sie nur derjenige Artikel nicht ist, auf welchen die Lieferungsverpflichtung des Verkäufers ging, sondern sich dieser Bestellung gegenüber als eine nachgemachte oder verfälschte Waare darstellt (13. 11. 80) 3, 234 II, 506.

Verdorbene Nahrungsmittel.

„Verdorben“ bezeichnet im Gegensatz zu den beiden anderen Begriffen eine Eigenschaft, die nicht in Folge einer absichtlichen menschlichen Handlung entstanden ist. Das positive Moment des Verdorbenseins besteht in einer [ohne eine solche Handlung eingetretenen] Veränderung des ursprünglich vorhanden gewesenen oder des normalen Zustandes des Nahrungsmittels zum schlechteren mit der Folge verminderter Tauglichkeit und Verwerthbarkeit zum Zwecke der Ernährung bezw. des Genusses. (5. 10. 81) 5, 291 III, 595. — Die eingetretene Verschlechterung braucht nicht auf innerer Zersetzung zu beruhen (5. 10. 81) 5, 292 III, 596. — Auch diejenigen Gegenstände sind verdorben, deren Genuß infolge einer Veränderung der beschriebenen Art Ekel erregt jedoch nicht blos bei dieser oder jener einzelnen Person, nach dem individuellen Geschmacke derselben, sondern nach der gemeinen Anschauung oder doch nach der Anschauung derjenigen Bevölkerungsklasse, welcher der Kauflustige angehört (5. 10. 81) 5, 292 III, 596; (9. 5. 82) 6, 269 IV, 452; (1. 10. 88) 18, 135 [der in der Ueberschrift zu IV, 431 unter I aufgestellte gegentheilige Rechtsgrundsatz beruht auf der durch den Inhalt der Entscheidung nicht veranlaßten Verwechselung der Begriffe „verdorben“ und „gesundheitsschädlich“].

Die bloße Ansicht des Publikums, daß das Nahrungsmittel minderwerthig oder mindertauglich zur Nahrung sei, genügt nicht zur Annahme der Eigenschaft des Verdorbenseins (28. 9. 85) 12, 407.

Ein verdorbenes Nahrungsmittel braucht deshalb noch nicht ungenießbar zu sein; es genügt, daß es zum menschlichen Genusse ungeeignet oder minder geeignet ist (5. 10. 81) 5, 204 III, 597.

Fleisch, welches durch Abmagerung des Thieres, von dem es herrührt, in seiner Tauglichkeit als Nahrungsmittel erheblich herabgesetzt ist, kann deshalb allein noch nicht als verdorben bezeichnet werden; es kommt auf die Ursache der Magerkeit an: Abmagerung in Folge Krankheit (9. 7. 83) V, 510. — Uebrigens berechtigt auch nicht der Umstand allein, daß ein Thier überhaupt an irgend einer Krankheit gelitten hat oder daß es ohne Schlachtung gestorben ist, zu der Annahme, das Fleisch derselben sei verdorben; der normale Zustand des Fleisches muß sich in Folge der Krankheit derart verändert haben, daß es nach allgemeiner Ansicht zum menschlichen Genusse ungeeignet ist (12. 1. 82) 5, 344.

Verdorbene Nahrungsmittel sind nicht nur solche, deren ursprünglich guter Zustand durch später hinzutretende Umstände verschlechtert worden ist, sondern auch solche, welche in Folge der Störung ihrer natürlichen Entwickelung [z. B. Fleisch zu früh geborener Kälber] den normalen Zustand überhaupt nicht erreicht haben (3. 1. 82) 5, 287 IV, 8; (27. 9. 83) V, 552.

Für Nahrungsmittel, welche zur vollen Gebrauchsfähigkeit noch einer besonderen Zubereitung durch Kochen 2c. bedürfen, entscheidet der dieser Zubereitung vorausgehende, zur Zeit des Feilhaltens oder Verkaufs bestehende rohe Zustand; ob die zu diesem Zeitpunkte bestehenden Mängel, welche den Gegenstand als verdorben erscheinen lassen, durch die Zubereitung selbst oder eine anderweite Behandlung sich beseitigen lassen, ist gleichgültig. Dieser Gesichtspunkt kann allenfalls nur für die Frage der Gesundheitsgefährlichkeit im Sinne des § 12 Berechtigung haben (9. 5. 82) 6, 270 IV, 452.

Feilhalten.

Unter „Feilhalten“ ist nur das Bereithalten zum Verkauf an das Publikum zu verstehen, und ist weder ein Anpreisen noch ein zur Schau stellen dazu erforderlich (8. 2. 82) IV, 137; (15. 2. 82) 6, 47; noch weniger, daß bereits eine Täuschung des Publikums oder eines Kauflustigen stattgefunden hat (4. 5. 83) V, 316. — Anfrage bei den Kunden genügt für den Begriff des Feilhaltens (10. 11. 84) VI, 724.

Während ein irgendwie äußerlich erkennbares Zugänglichmachen zum Verkauf das erforderliche objektive Moment für das Feilhalten bildet, gehört dazu als subjektives Moment nothwendig die Absicht des Verkaufs auf Seite des Feilhaltenden (4. 6. 81) 4, 274 III, 373.

Dolus.

Für den Verkauf genügt Verschweigung der gesetzwidrigen Eigenschaft des Nahrungsmittels, bei dem Feilhalten dagegen ist das bloße Verschweigen nicht für ausreichend erachtet, weil die Möglichkeit bleibt, daß der Verkäufer bei den Unterhandlungen mit einem bestimmten Kauflustigen seiner Pflicht zur Angabe der Wahrheit nachgekommen sein würde, daher wird für das Feilhalten erfordert, daß es unter einer zur Täuschung geeigneten Bezeichnung geschehen ist (10. 2. 81) 3, 380 III, 31; (2. 11. 86) 14, 434 VIII, 668. — Mit einer solchen Bezeichnung meint das Gesetz eine positive Angabe, wonach die Waare nicht verdorben &c. ist; diese positive Angabe braucht jedoch nicht nothwendig in einer mit Worten ausgedrückten Versicherung des Nichtverdorbenseins &c. zu bestehen, sondern kann auch durch jede positive Angabe einer Eigenschaft der Waare geschehen, mit welcher das Verdorbensein &c. derselben unvereinbar ist. — Bei dem Mangel einer solchen positiven Angabe fällt das Feilhalten verdorbener &c. Waare unter Str.G.B. § 367, Ziff. 7 (18. 6. 85) 12, 301 VII, 405.

Die Bezeichnung muß zur Täuschung geeignet sein, jedoch nicht nothwendig zur Täuschung des Publikums im Allgemeinen, es genügt, daß es zur Täuschung eines bestimmten Kreises von Personen geeignet ist; gerade zur Täuschung bestimmter, in besonderen Vorurtheilen befangener Personen wird oft von dem Feilhaltenden eine dazu geeignete Bezeichnung ge-

§ 11. [A.] Ist die im §. 10 Nr. 2 bezeichnete Handlung aus Fahrlässigkeit begangen worden, so tritt Geldstrafe bis zu einhundertfünfzig Mark oder Haft ein.

§ 12. [L.] Mit Gefängniß, neben welchem auf Verlust der bürgerlichen Ehrenrechte erkannt werden kann, wird bestraft:

1. wer vorsätzlich Gegenstände, welche bestimmt sind,

---

wählt werden. Als nicht zur Täuschung geeignet ist andererseits eine Bezeichnung anzusehen, durch welche überhaupt nur ein einziges Mitglied des im Kulturleben stehenden Publikums getäuscht werden kann oder nur eine so verschwindend kleine Personenmehrheit, daß sie im Geschäftsverkehr unbeachtet bleibt (2. 11. 86) 14, 436 VIII, 671.

Bei dem Verkaufe von Nahrungsmitteln verstößt es schon gegen Treue und Glauben im Handel, wenn dem kaufenden Publikum eine mit seinen berechtigten Erwartungen in Widerspruch stehende Beschaffenheit der Waare verschwiegen wird (30. 3. 85) VII, 206.

Daß der Käufer sich über die Beschaffenheit einer Waare habe täuschen lassen, gehört nicht zum Thatbestande. Ohne Bedeutung ist es weiterhin, daß die Beschaffenheit der Waare offensichtlich gewesen; der Leichtsinn des Käufers schließt den Dolus des Verkäufers nicht aus (13. 11. 80) 3, 235 II, 506.

Der Verkauf von Kunstwein an Großhändler, welche über die Natur des Fabrikates durch die gewählte Bezeichnung nicht getäuscht werden sollen und nicht getäuscht worden sind, fällt nicht unter § 10, Ziff. 2, sondern allenfalls unter Ziff. 1, wenn der Verkäufer gleichzeitig der Hersteller und sich der etwaigen, seinem eigenen Willen entsprechenden Absicht der Weingroßhändler, ihre weiteren Abnehmer zu täuschen, bewußt gewesen ist (4. 5. 83) V, 315.

Zu § 11. Ueber das Verhältniß zu Str.G.B. § 367, Ziff. 7 vgl: (9. 5. 82) 6, 271 IV, 453.

Zu § 12, Ziff. 1. Die Bestimmung des § 12, Ziff. 1 beruht auf dem Gedanken, daß die Gefahren, welche durch den Verkehr

Anderen als Nahrungs- oder Genußmittel zu dienen, derart herstellt, daß der Genuß derselben die mensch-

---

mit gesundheitsschädlichen Nahrungsmitteln dem Gemeinwohle erwachsen, in möglichst wirksamer Weise entgegenzutreten sei. Aus dieser öffentlichrechtlichen Natur des vorliegenden Verbotsgesetzes folgt, daß es unerheblich ist, ob kraft einer civilrechtlichen Verpflichtung oder Berechtigung die Uebergabe von Nahrungsmitteln, deren Gesundheitsschädlichkeit sich herausgestellt hat, erfolgen müßte oder dürfte [Angekl. hatte das Fleisch des gekauften Schweines, welches stark mit Finnen durchsetzt war, wegen dieser fehlerhaften Beschaffenheit in Ausübung des Wandelungsrechtes dem Verkäufer zurückgestellt (23. 9. 87) 16, 191 IX, 462.

Ziff. 1 enthält zwei verschiedene strafrechtliche Thatbestände: das „Herstellen" und das „Inverkehrbringen". Ist nur der eine Thatbestand Gegenstand des Eröffnungsbeschlusses, so bedingt die Verurtheilung wegen des anderen eine Hinweisung auf die Veränderung des rechtlichen Gesichtspunktes (3. 4. 83) 8, 149 V, 212.

Unter „Herstellen" eines Nahrungsmittels ist dessen Fertigstellung zum Genusse verstanden. Gleichgültig ist, ob die Gesundheitsschädlichkeit eine Folge der Herstellung ist oder bereits dem dabei verwendeten Rohstoffe anhaftete (27. 10. 82) 7, 151 IV, 768.

Unter „Inverkehrbringen" ist jedes, wie auch immer geartete, Ueberlassen oder Zugänglichmachen zum Genusse zu verstehen (23. 9. 87) 16, 191 IX, 462. Welchen rechtlichen Charakter die Ueberlassung der Nahrungsmittel hat, ist gleichgültig; so fällt darunter das Verschenken von Nahrungsmitteln (13. 12. 80) 3, 119 II, 633; das Ueberlassen zum Verzehr an Familienangehörige und zum Hausstande gehörige Bedienstete (8. 5. 82) IV, 448; (27. 10. 82) 7, 151 IV, 768; (8. 1. 83) 7, 412. — Das „Feilhalten" fällt als eine Art des Zugänglichmachens ebenfalls unter den Begriff „Inverkehrbringen" (2. 5. 84) VI, 334. — Der Transport von Nahrungsmitteln ist noch kein Inverkehrbringen; vgl. Anm. zu Abs. 2 (Versuch).

liche Gesundheit zu beschädigen geeignet ist, ingleichen wer wissentlich Gegenstände, deren Genuß

An wen die gesundheitsschädliche Waare verkauft ꝛc. wird — ob unmittelbar an das konsumirende Publikum, oder an Zwischenhändler, — ist gleichgültig (5. 6. 85) VII, 351.

Auch lebende Thiere fallen unter den Begriff von „Gegenständen" im Sinne dieses §, wenn sie zum Zweck des Schlachtens und des Verwerthens als Nahrungs- oder Genußmittel in Verkehr gebracht werden (2. 12. 86) VIII, 721.

Objektiv genügt für den Thatbestand, daß der Genuß des als Nahrungs- oder Genußmittel hergestellten bezw. in Verkehr gebrachten Gegenstandes „geeignet" ist, die menschliche Gesundheit zu beschädigen. Daß eine Gesundheitsbeschädigung wirklich erfolgt sei, wird nicht erfordert (13. 12. 80) 3, 122 II, 636; (15. 1. 85) 11, 376. Ebensowenig, daß der Genuß nothwendig und unter allen Umständen gesundheitsschädlich wirke (15. 1. 85) 11, 376. So braucht die Gesundsheitsgefahr nicht schon durch den einmaligen und in geringer Menge erfolgenden Genuß des betr. Gegenstandes hervorgerufen zu werden (9. 6. 80) 2, 177.

Andererseits reicht für die Feststellung der Gesundheitsschädlichkeit nicht aus, daß der Genuß des Gegenstandes bei der Mehrzahl der Menschen Ekel hervorruft. Die Gesundheitsschädlichkeit ist eine objektive Eigenschaft, welche dem Gegenstande anhaften muß und nicht abhängig gemacht werden kann von dem je nach dem Geschmacke, der Bildungsstufe und dem Wohlstande des einzelnen Käufers verschiedenen Grade der Abneigung oder des Widerwillens gegen dessen Genuß (5. 5. 82) 6, 258 IV. 432; (1. 10. 88) 18, 135.

Die Gesundheitsgefährlichkeit muß zur Zeit des Verkaufes ꝛc. vorhanden sein; daß sie nach kurzer Zeit zu erwarten ist [z. B. in Folge raschen Verwesens], reicht nicht aus (5. 5. 82) 6, 258 IV, 432.

Es kommt jede mögliche, von dem Verkäufer ꝛc. voraussehbare Art des Gebrauches in Betracht, welche der den Gegenständen

die menschliche Gesundheit zu beschädigen geeignet ist, als Nahrungs- oder Genußmittel verkauft, feilhält oder sonst in Verkehr bringt;

---

gegebenen Bestimmung, als Nahrungs- oder Genußmittel zu dienen, entspricht. Es ist deshalb irrelevant, ob durch die gewöhnliche Art der Zubereitung, z. B. durch Kochen, die Gesundheitsschädlichkeit aufgehoben wird (26. 2. 84) VI, 157. — Feilhalten von unreifen, nur in gekochtem Zustande zum Genusse geeigneten Früchten (4. 6. 81) 4, 274 III, 373.

In subjektiver Beziehung wird „wissentliches" Handeln erfordert. Für den Thatbestand des Inverkehrbringens bedarf es daher des Beweises:

a) daß dem Verkäufer ꝛc. die Gesundheitsschädlichkeit des Gegenstandes bekannt war (26. 1. 82) IV, 76; (5. 5. 82) 6, 257 IV, 432; (15. 1. 85) 11, 376; (23. 9. 87) 16, 192 IX, 462; (21. 3. 88) X, 261; (1. 10. 88) 18, 135. Es genügt nicht die Feststellung, daß der Verkäufer diejenigen Eigenschaften des verkauften Gegenstandes gekannt hat, welche objektiv dessen Gesundheitsgefährlichkeit begründen (5. 5. 82) 6, 257 IV, 432; (1. 10. 88) 18, 135. Der Kenntniß von der Gesundheitsgefährlichkeit steht gleich der Eventualdolus desjenigen, der zwar nicht weiß, daß der Gegenstand gesundheitsgefährlich, weil er zweifelt oder sich der Wissenschaft von seiner Beschaffenheit absichtlich entzieht, der aber den Verkauf auch dann will, wenn er gesundheitsgefährlich ist (17. 2. 88) X, 157.

b) daß der Verkäufer ꝛc. mit der Voraussicht oder wenigstens mit dem Bewußtsein der Möglichkeit handelte, derjenige, dem der gesundheitsschädliche Gegenstand übergeben wurde, werde diesen selbst genießen oder als Nahrungsmittel an Andere überlassen (11. 3. 81) III, 137; (23. 9. 87) 16, 192 IX, 462; (21. 3. 88) X, 261 [hier wird unzutreffend das Bewußtsein der Verwendung als Nahrungsmittel und nicht das Bewußtsein der Möglichkeit einer solchen gefordert]. Ob der Erwerber des Gegenstandes ihn als Nahrungsmittel an sich bringen oder verwenden

2. wer vorsätzlich Bekleidungsgegenstände, Spielwaaren, Tapeten, Eß-, Trink- oder Kochgeschirr oder Petroleum derart herstellt, daß der bestimmungsgemäße oder vorauszusehende Gebrauch dieser Gegenstände die menschliche Gesundheit zu beschädigen geeignet

---

will, ist für den Dolus des Abgebers gleichgültig; es kommt nur auf den Willen des Letzteren an, einen gesundheitsschädlichen Gegenstand als Nahrungsmittel für Menschen in Verkehr zu bringen (25. 1. 82) IV, 67. — Dagegen ist das Ablassen eines gesundheitsschädlichen Gegenstandes zu anderen Zwecken gestattet (4. 1. 82) 5, 389 IV, 10; (28. 6. 83) 9, 32. — Weiterhin ist gleichgültig, ob dem Erwerber die Gesundheitsgefährlichkeit bekannt war oder nicht; das Moment der Täuschung ist im Gegensatze zu § 10, Ziff. 2 [dort: „unter Verschweigung dieses Umstandes"] kein Thatbestandsmerkmal der §§ 12 ff. (11. 3. 81) III, 137; (4. 1. 82) 5, 389 IV, 10; (28. 6. 83) 9, 32. Selbst die Mittheilung von der gesundheitsschädlichen Eigenschaft des Nahrungsmittels an den Käufer kann den Verkäufer in der Regel nicht entlasten. Kann jedoch die gesundheitsgefährliche Eigenschaft durch besondere Behandlung beseitigt werden, so ist die Veräußerung solcher Nahrungsmittel für den Fall straflos, daß der Veräußerer die nöthigen Vorsichtsmaßregeln getroffen hat, um den Gebrauch in der gesundheitsgefährlichen Beschaffenheit zu verhindern (15. 1. 85) 11, 379; (21. 3. 88) X, 262. So ist z. B. derjenige, welcher ein solches Nahrungsmittel unter ausdrücklicher Einschränkung auf die unschädliche Art des Gebrauches abgegeben hat, für eine der Vereinbarung widersprechende Verwendung nicht aus § 12 verantwortlich (15. 1. 85) 11, 379. Vgl. die bzgl. Note zu § 14.

Der Verkäufer, welcher erst nach dem Verkaufe, aber noch vor der Uebergabe die gesundheitsgefährliche Beschaffenheit des Nahrungsmittels erkennt, macht sich durch die Uebergabe desselben unter Verschweigung dieses Umstandes strafbar (30. 3. 81) 4, 92.

ist, ingleichen wer wissentlich solche Gegenstände verkauft, feilhält oder sonst in Verkehr bringt.

Der Versuch ist strafbar.

Ist durch die Handlung eine schwere Körperverletzung

Zu § 12 Abs. 2 (Versuch). Als Versuch des Feilhaltens ist diejenige Handlung anzusehen, welche den Beginn einer irgendwie nach außen sich manifestirenden Bereitstellung der Waare zum Verkaufe an das Publikum enthält. [Der Angeklagte hatte verdorbenes Fleisch angekauft, in sein Verkaufslokal geschafft und damit begonnen, es durch Berieselung mit Wasser behufs Dämpfung des üblen Geruchs zur Bereithaltung für Kauflustige geeignet zu machen.] Der bloße Ankauf verdorbener Waare enthält jedoch nur eine Vorbereitungshandlung (15. 2. 82) 6, 46. — Ueberhaupt ist in dem bloßen Besitze der Waare ein Versuch des Feilhaltens nicht zu erblicken; man hat vielmehr eine Handlung zu fordern, in welcher sich der auf Verkauf gerichtete Wille derartig kenntlich macht, und eine Lage der Umstände zu fordern welche die Ausführung dieses Willens derartig ermöglicht, daß nur noch die wirkliche Offerte hinzuzukommen braucht, um den Thatbestand des Feilhaltens zu verwirklichen (10. 11. 84) VI, 725; vgl. auch (1. 11. 81) 5, 145 III, 671.

Im Uebrigen — abgesehen vom Feilhalten — liegt Versuch im Gegensatz zum vollendeten Inverkehrbringen vor, solange das Nahrungsmittel noch der Verfügungsgewalt des Inverkehrbringenden untersteht. Dies ist z. B. bei Uebersendung durch einen Boten bis zur Ablieferung an einen Dritten der Fall (23. 3. 86) 14, 35.

In dem bloßen Transport der Nahrungsmittel zur Verkaufsstelle kann niemals ein vollendetes Inverkehrbringen gefunden werden (1. 11. 88) X, 611; derselbe kann sich vielmehr als Versuch oder als vorbereitende Handlung darstellen, je nachdem die Waare zum Verkaufe bereits vorbereitet ist oder noch einer weiteren Behandlung bedarf (2. 5. 84) VI, 334 (10. 11. 84) VI, 724; (24. 10. 87) IX, 525. — Weiterhin kann aber auch in dem Transport eine Begünstigung des von einem

oder der Tod eines Menschen verursacht worden, so tritt Zuchthausstrafe bis zu fünf Jahren ein.

§ 13. [S.] War in den Fällen des § 12 der Genuß oder Gebrauch des Gegenstandes die menschliche Gesundheit zu zerstören geeignet und war diese Eigenschaft dem Thäter bekannt, so tritt Zuchthausstrafe bis zu zehn Jahren, und wenn durch die Handlung der Tod eines Menschen verursacht worden ist, Zuchthausstrafe nicht unter zehn Jahren oder lebenslängliche Zuchthausstrafe ein.

Neben der Strafe kann auf Zulässigkeit von Polizeiaufsicht erkannt werden.

§ 14. [L. A.] Ist eine der in den §§ 12, 13 bezeichneten Handlungen aus Fahrlässigkeit begangen

---

Anderen begangenen, mit dem Ueberlassen der Waare vollendet gewesenen Delikts liegen (1. 11. 88) X, 611.

Wenn der Versuch des Verkaufens sich als Feilhalten darstellt, so ist die That nicht als versuchtes Verkaufen, sondern als vollendetes Feilhalten zu bestrafen (20. 11. 86) 15, 56.

Zu § 14. Nur die in den §§ 12, 13 bezeichneten vollendeten Handlungen kommen als Fahrlässigkeitsdelikte in Frage, die Versuchshandlungen scheiden begriffsmäßig aus (2. 11. 85) VII, 634.

Ob eine Fahrlässigkeit vorliegt, fällt zunächst in das Gebiet der thatsächlichen Feststellung (17. 1. 81) 3, 274.

Der subjektive Thatbestand des Fahrlässigkeitsdeliktes unterscheidet sich von den vorsätzlichen Vergehen der §§ 12, 13 dadurch, daß bei dem objektiven Vorliegen eines dieser Vergehen hinsichtlich irgend eines Thatbestandmerkmals der Vorsatz fehlt und an dessen Stelle die Fahrlässigkeit tritt. In der Regel wird diese darin zu finden sein, daß dem Thäter die Gesundheitsgefährlichkeit nicht bekannt war, aber bei Anwendung der schuldi-

worden, so ist auf Geldstrafe bis zu eintausend Mark oder Gefängnißstrafe bis zu sechs Monaten und, [L.] wenn durch die Handlung ein Schaden an der Gesundheit eines Menschen verursacht worden ist, auf Gefängnißstrafe bis zu einem Jahre, wenn aber der Tod eines Menschen verursacht worden ist, auf Gefängnißstrafe von einem Monat bis zu drei Jahren zu erkennen.

---

gen Aufmerksamkeit hätte bekannt sein müssen; doch ist die Anwendung des § 14 begrifflich dadurch nicht ausgeschlossen, daß dem Thäter die Gesundheitsgefährlichkeit des Gegenstandes bekannt war (28. 6. 83) 9, 31; (27. 5. 84) 10, 412 VI, 381.

Konnte der Veräußerer eines Nahrungsmittels bei den vorliegenden Umständen überzeugt sein, daß dasselbe erst nach einer, etwa vorhandene gesundheitsschädliche Eigenschaften beseitigenden Behandlung genossen werden würde, so fällt ihm Fahrlässigeit nicht zur Last (7. 5. 88) 17, 427.

Die Anwendung des § 14 ist nicht auf die Fälle beschränkt, in denen eine Untersuchung der Nahrungsmittel vorgeschrieben war und unterlassen worden ist (15. 2. 82) 6, 41 IV, 165. Andererseits genügt für die Annahme der Fahrlässigkeit nicht, daß der Thäter über die schädliche Beschaffenheit des Nahrungsmittels leicht hätte Erkundigungen einziehen können; die Einziehung solcher Erkundigung mußte auch durch die im konkreten Falle erforderliche Aufmerksamkeit geboten sein (10. 10. 81) III, 622; (27. 3. 82) 6, 121 IV, 282.

Strafschärfendes Moment ist die Verursachung von Schaden an der Gesundheit oder Tod durch die fahrlässige Handlung; sie sind jedoch lediglich als objektive Wirkungen gemeint und es bedarf nicht des Beweises, daß der Thäter dieselben als Folge seiner Handlung vorauszusehen im Stande gewesen sei. Tritt auch dieses Moment hinzu, so liegt Idealkonkurrenz mit Str.G.B. § 230 bezw. § 222 vor (15. 2. 82) 6, 45 IV, 168.

§ 15. In den Fällen der §§ 12 bis 14 ist neben der Strafe auf Einziehung der Gegenstände zu erkennen, welche den bezeichneten Vorschriften zuwider hergestellt, verkauft, feilgehalten oder sonst in Verkehr gebracht sind, ohne Unterschied, ob sie dem Verurtheilten gehören oder nicht; in den Fällen der §§ 8, 10, 11 kann auf die Einziehung erkannt werden.

Ist in den Fällen der §§ 12 bis 14 die Verfolgung oder die Verurtheilung einer bestimmten Person nicht ausführbar, so kann auf die Einziehung selbständig erkannt werden.

Schaden an der Gesundheit liegt vor, wenn durch Einwirkung auf den Körper eines Menschen dessen Organismus in den zum Leben erforderlichen gewöhnlichen Verrichtungen eine — wenigstens theilweise — Störung erleidet. Ein krankhafter Zustand von längerer Dauer wird nicht erfordert. Auch die vorübergehende Verschlimmerung einer bereits vorhandenen Krankheit ist eine Gesundheitsbeschädigung (20. 5. 89) 19, 226; (6. 2. 90) 20, 255. — Dagegen ist nicht jede Verursachung von Schmerz, Uebelbefinden, Mißbehagen, Ekel für eine Gesundheitsbeschädigung zu erachten (6. 2. 90) 20, 256.

Zu § 15. Die Materie der Einziehung ist durch § 15 erschöpfend geregelt; Abs. 1 ist an die Stelle des § 40, Abs. 2 an die des § 42 Str.G.B. getreten (11. 5. 82) 6, 296 IV, 473 [die sich ergebenden Abweichungen vgl. in den Urtheilsgründen].

Zu § 15, Abs. 2. Diese Bestimmung hat nur ein prozessualisches, nicht ein materiellrechtliches, der Verfolgung oder Verurtheilung einer bestimmten Person entgegenstehendes Hinderniß im Sinne (5. 4. 83) 8, 244 V, 220. Das objektive Strafverfahren ist unzulässig, wenn die Verurtheilung einer bestimmten Person aus dem Grunde nicht ausführbar ist, weil es an dem Thatbestandsmoment der vorsätzlichen oder fahrlässigen Verschuldung

§ 16. In dem Urtheil oder dem Strafbefehl kann angeordnet werden, daß die Verurtheilung auf Kosten des Schuldigen öffentlich bekannt zu machen sei.

Auf Antrag des freigesprochenen Angeschuldigten hat das Gericht die öffentliche Bekanntmachung der Freisprechung anzuordnen; die Staatskasse trägt die Kosten, insofern dieselben nicht dem Anzeigenden auferlegt worden sind.

In der Anordnung ist die Art der Bekanntmachung zu bestimmen.

[Zugesetzt durch Ges. v. 29. 6. 87 (RGBl. S. 276).] Sofern in Folge polizeilicher Untersuchung von Gegenständen der im § 1 bezeichneten Art eine rechtskräftige strafrechtliche Verurtheilung eintritt, fallen dem Ver-

---

fehlt (21. 12. 82) 7, 428 IV, 886. Das auf Einziehung lautende Urtheil muß die Feststellung enthalten, daß eine der in §§ 12—14 bezeichneten Handlungen vorsätzlich oder fahrlässig begangen worden ist (5. 4. 83) 8, 242 V, 219. Ob die Verfolgung einer bestimmten Person wegen einer solchen Handlung ausführbar ist oder nicht, unterliegt nicht der Prüfung des Gerichts sondern der Entschließung der Staatsanwaltschaft (5. 4. 83) 8, 247 V. 221.

Abs. 2 umfaßt auch den Fall, wenn die Verfolgung ausführbar und eingetreten ist, aber der Verurtheilung Hindernisse entgegentreten (5. 4. 83) 8, 242 V, 219.

Der nachträglichen Verfolgung einer bestimmten Person steht ein rechtskräftiges Urtheil auf Einziehung nicht entgegen (5. 4. 83) 8. 246 V, 222.

Zu § 16. Die öffentliche Bekanntmachung ist eine Nebenstrafe; auf sie darf nicht erkannt werden, wenn Idealkonkurrenz einer Verfehlung gegen das Nahrungsmittelgesetz mit einem härteren Strafgesetz angenommen ist (3. 3. 84) 10, 106 VI, 166.

urtheilten die durch die polizeiliche Untersuchung erwachsenen Kosten zur Last. Dieselben sind zugleich mit den Kosten des gerichtlichen Verfahrens festzusetzen und einzuziehen.

§ 17. Besteht für den Ort der That eine öffentliche Anstalt zur technischen Untersuchung von Nahrungs- und Genußmitteln, so fallen die auf Grund dieses Gesetzes auferlegten Geldstrafen, soweit dieselben dem Staate zustehen, der Kasse zu, welche die Kosten der Unterhaltung der Anstalt trägt.

Gesetz, betreffend die Anfertigung und Verzollung von Zündhölzern.

Vom 13. Mai 1884.

(R.G.Bl. S. 49.)

§ 1. Die Anfertigung von Zündhölzern unter Verwendung von weißem Phosphor darf nur in Anlagen stattfinden, welche ausschließlich für die Herstellung von Zündhölzern benutzt werden.

§ 2. In Räumen, in welchen

a) das Zubereiten der Zündmasse

b) das Betunken der Hölzer

c) das Trocknen der betunkten Hölzer

Zu § 2. Als Thäter kommt nicht derjenige, welcher eine der unter a—d aufgeführten Arbeiten in Anwesenheit jugendlicher Personen vornimmt, in Betracht, sondern nur derjenige, welcher

erfolgt, darf jugendlichen Arbeitern (§. 136 der Gewerbeordnung), in Räumen, welche

d) zu dem Abfüllen der Hölzer und ihrer ersten Verpackung dienen,

darf Kindern (§. 135 Absatz 1 und 2 der Gewerbeordnung) der Aufenthalt nicht gestattet werden.

§ 3. [A.] Zuwiderhandlungen gegen die Vorschrift im § 1 werden mit Geldstrafe bis zu dreihundert Mark, im Unvermögensfalle mit Haft bestraft. Neben der Strafe ist auf Einziehung der in dem gesetzwidrigen Betriebe benutzten beweglichen Gegenstände und der hergestellten Zündhölzer zu erkennen.

§ 4. [L.] Zuwiderhandlungen gegen die Vorschrift im §. 2 werden mit Geldstrafe bis zu zweitausend Mark, im Unvermögensfalle mit Gefängniß bis zu sechs Monaten bestraft.

Die auf Grund der vorstehenden Bestimmung auferlegten Geldstrafen fließen der im §. 116 der Gewerbeordnung bezeichneten Kasse zu.

§ 5. Auf die zur Zeit des Erlasses dieses Gesetzes bestehenden Betriebe finden die Bestimmungen desselben erst nach Ablauf von zwei Jahren Anwendung.

§ 6. [betrifft die Verzollung].

---

in der Lage ist, den Aufenthalt in den betreffenden Räumen zu gestatten oder zu verbieten, welcher also rechtlich oder thatsächlich sei es über die Arbeitsräume sei es über die in denselben befindlichen jugendlichen Personen zu verfügen hat (16. 4. 88) 17, 349 X, 293.

Gesetz gegen den verbrecherischen und gemeingefährlichen Gebrauch von Sprengstoffen.

Vom 9. Juni 1884.
(R.G.Bl. S. 61.)

§ 1. Die Herstellung, der Vertrieb und der Besitz von Sprengstoffen sowie die Einführung derselben aus dem Auslande ist unbeschadet der bestehenden sonstigen Beschränkungen nur mit polizeilicher Genehmigung zulässig.

Zu § 1. Der in § 9 in die Begriffe des Feilhaltens, Verkaufens und des sonstigen Ueberlassens an Andere aufgelöste Begriff des „Vertriebes" ist im weitesten Sinne zu verstehen; auch derjenige fällt unter das Gesetz, welcher den Erwerb von Sprengstoffen zwischen anderen Personen nur vermittelt, selbst wenn er dabei selber nicht in den Besitz der Stoffe gelangt ist. Kann man danach unter „vertreiben" jede Thätigkeit verstehen, durch welche der Uebergang von Sprengstoffen in den thatsächlichen Besitz eines Anderen herbeigeführt wird — z. B. das einmalige, aus Gefälligkeit erfolgte Ueberlassen von Sprengstoffen (25. 6. 86) 14, 231; (4. 4. 87) 15, 388 IX, 229 —, so muß doch der Zweck des Vertriebes stets der Erwerb seitens des Anderen sein (28. 1. 87) 15, 241 IX, 102.

Unter dem Ausdruck „Besitz" ist lediglich das thatsächliche Verhältniß der Innehabung, die — gleichviel ob für sich, oder für einen Anderen — faktisch ausgeübte Gewaltherrschaft über die fraglichen Stoffe gemeint, ohne daß es auf weitere Unter-

Wer sich mit der Herstellung oder dem Vertriebe von Sprengstoffen befaßt, hat ein Register zu führen, aus welchem die Mengen der hergestellten, aus dem Auslande eingeführten oder sonst zum Zweck des Vertriebes angeschafften Sprengstoffe, sowie die Bezugsquellen und der Verbleib derselben ersichtlich sein müssen. Dieses Register ist der zuständigen Behörde auf Erfordern jederzeit vorzulegen.

---

scheidungen nach der juristischen Beschaffenheit des dem Innehaber zustehenden Besitzschutzes innerhalb der Sphäre des bürgerlichen Rechtes ankommt. Die polizeiliche Erlaubniß muß der Person des thatsächlichen Inhabers ertheilt sein oder sich auf sie mit erstrecken. Die zuständige Polizeibehörde ist befugt, nach ihrem pflichtmäßigen Ermessen die Genehmigung zum Besitze von Sprengstoffen dem die Genehmigung Nachsuchenden entweder nur für seine Person oder zugleich zur Benutzung für seine Vertreter oder Gehülfen — Arbeiter, Dienstboten, Fuhrleute Transporteure — zu ertheilen. Das Gericht hat durch Auslegung des Erlaubnißscheines zu ermitteln, in welchem Sinne derselbe ertheilt worden, und auf welche Personen sich die ertheilte Erlaubniß nach der ausdrücklichen oder aus den konkreten Umständen zu entnehmenden Willensmeinung der Polizeibehörde erstreckt (26. 2. 85) 12, 73 VII, 147; (12. 6. 85) 12, 256 VII, 379; (13. 10. 85) 12, 433; (9. 11. 85) VII, 652; (21. 11, 85) 13, 90 VII, 683. — Andererseits deckt die dem Detentor ertheilte polizeiliche Genehmigung den etwa hinter ihm stehenden juristischen Besitzer (15. 10. 85) 13, 22 VII, 583.

Die polizeiliche Erlaubniß zur Herstellung und zum Vertriebe von Sprengstoffen enthält zugleich stillschweigend diejenige zum Besitze derselben; nicht aber umgekehrt die Erlaubniß zum Besitze zugleich die zur Herstellung und zum Vertriebe. Wer, zum Besitze von Sprengstoffen berechtigt, solche an einen anderen ebenfalls zum Besitze von Sprengstoffen Berechtigten überläßt, bedarf besonderer Genehmigung (4. 4. 87) 15, 387 IX, 228.

Auf Sprengstoffe, welche vorzugsweise als Schießmittel gebraucht werden, finden vorbehaltlich abweichender landesrechtlicher Vorschriften die Bestimmungen des ersten und des zweiten Absatzes keine Anwendung. Die Bezeichnung dieser Stoffe erfolgt durch Beschluß des Bundesraths.

Insoweit Sprengstoffe zum eigenen Gebrauch durch Reichs- oder Landesbehörden von der zuständigen Verwaltung hergestellt, besessen, eingeführt oder vertrieben werden, bleiben die Vorschriften des ersten und zweiten Absatzes ebenfalls ausgeschlossen.

§ 2. Die Zentralbehörden der Bundesstaaten erlassen die zur Ausführung der Vorschriften in dem §. 1 Absatz 1 und 2, sowie in dem §. 15 erforderlichen näheren Anordnungen und bestimmen die Behörden, welche über die Gesuche um Gestattung der Herstellung, des Vertriebes, des Besitzes und der Einführung von Sprengstoffen Entscheidung zu treffen haben.

§ 3. Gegen die versagende Verfügung ist nur die Beschwerde an die Aufsichtsbehörde innerhalb 14 Tagen zulässig. Dieselbe hat keine aufschiebende Wirkung.

§ 4. Die Ertheilung der nach §. 1 Absatz 1 erforderlichen Erlaubniß erfolgt in widerruflicher Weise. Wegen der Beschwerde gegen die Zurücknahme gilt die Vorschrift des §. 3 des gegenwärtigen Gesetzes.

§ 5. [S.] Wer vorsätzlich durch Anwendung von Sprengstoffen Gefahr für das Eigenthum, die Gesund-

Zu § 5. Es kommt nur die G e f ä h r d u n g von Eigenthum, Gesundheit oder Leben d u r c h B e s c h ä d i g u n g o d e r Zer-

heit oder das Leben eines Anderen herbeiführt, wird mit Zuchthaus bestraft.

Ist durch die Handlung eine schwere Körperverletzung verursacht worden, so tritt Zuchthausstrafe nicht unter fünf Jahren, und wenn der Tod eines Menschen verursacht worden ist, Zuchthausstrafe nicht unter zehn Jahren oder lebenslängliche Zuchthausstrafe ein.

Ist durch die Handlung der Tod eines Menschen herbeigeführt worden und hat der Thäter einen solchen Erfolg voraussehen können, so ist auf Todesstrafe zu erkennen.

§ 6. [S.] Haben Mehrere die Ausführung einer oder mehrerer nach §. 5 zu ahndender strafbarer Handlungen verabredet oder sich zur fortgesetzten Begehung derartiger, wenn auch im einzelnen noch nicht bestimmter Handlungen verbunden, so werden dieselben, auch ohne daß der Entschluß der Verübung des Verbrechens durch Handlungen, welche einen Anfang der Ausführung enthalten, bethätigt worden ist, mit Zuchthaus nicht unter fünf Jahren bestraft.

§ 7. [S.] Wer Sprengstoffe herstellt, anschafft,

---

störung dieser Güter in Betracht, nicht etwa auch die Gefährdung des Eigenthums durch unbefugte Aneignung; daher sind auch unter „Eigenthum" nur Sachen im engeren Sinne, nicht etwa Rechte zu verstehen (23. 10. 85) VII, 613; (22. 1. 86) 13, 307 VIII, 87.

Zu §§ 7—9. Diese §§ bestrafen neben verschiedenen verbotenen Handlungen unter bestimmten Voraussetzungen auch den bloßen „Besitz" von Sprengstoffen. Ueber den Begriff „Besitz" im Sinne dieses Gesetzes vgl. Anm. zu § 1. — Es genügt jedoch

bestellt, oder in seinem Besitze hat, in der Absicht, durch Anwendung derselben Gefahr für das Eigenthum, die Gesundheit oder das Leben eines Anderen entweder selbst herbeizuführen oder andere Personen zur Begehung dieses Verbrechens in den Stand zu setzen, wird mit Zuchthaus bis zu zehn Jahren bestraft.

Der gleichen Strafe verfällt, wer Sprengstoffe, wissend, daß dieselben zur Begehung eines in dem §. 5 vorgesehenen Verbrechens bestimmt sind, an andere Personen überläßt.

§ 8. [L.] Wer Sprengstoffe herstellt, anschafft,

---

nicht lediglich die objektive Thatsache des vorhandenen Gewahrsams, es kann vielmehr nach allgemeinen Rechtsgrundsätzen nur derjenige für den Besitz verantwortlich gemacht werden, welcher von dem Vorhandensein der Sprengstoffe Kenntniß hat und dessen Wille auf die Innehabung derselben gerichtet ist. Daß in § 8 dieser selbstverständlichen Einschränkung durch das (bei der dritten Berathung des Gesetzes eingeschaltete) Wort „wissentlich" Ausdruck gegeben ist, in § 9 dagegen nicht, beruht auf einem redaktionellen Versehen (8. 6. 85) 12, 244 VII, 358; (12. 6. 85) 12, 256 VII, 379; (9. 11. 85) VII, 649; (22. 11. 87) IX, 633.

Ueber den Begriff „Ueberlassen" vgl. Anm. zu § 9.

Zu §§ 7 u. 8. Die beiden §§ beruhen auf dem Gedanken, daß es wegen der Gefährlichkeit der unter Anwendung von Sprengstoffen verübten Verbrechen nicht rathsam ist, die Strafbarkeit von der Vollendung der beabsichtigten That oder dem nach allgemeinen Normen strafbaren Versuche einer solchen abhängig zu machen, sondern daß es geboten erscheint, außer dem Komplotte noch sonstige Vorbereitungshandlungen zu dem Verbrechen des § 5 mit ernster Strafe zu bedrohen. In beiden §§ wird das Vorhandensein der in § 5 vorgesehenen verbrecherischen Absicht vorausgesetzt; in § 7 wird der Nachweis derselben gefordert, in § 8 wird sie vermuthet (25. 11. 84) 11, 264 VI, 763.

bestellt, wissentlich in seinem Besitze hat oder an andere Personen überläßt unter Umständen, welche nicht erweisen, daß dies zu einem erlaubten Zweck geschieht, wird mit Zuchthausstrafe bis zu fünf Jahren oder mit Gefängniß nicht unter einem Jahre bestraft. Diese Bestimmung findet auf die gemäß §. 1 Absatz 3 vom Bundesrath bezeichneten Stoffe nicht Anwendung.

§ 9. [L.] Wer der Vorschrift in dem ersten Absatz des §. 1 zuwider es unternimmt, ohne polizeiliche Ermächtigung Sprengstoffe herzustellen, vom Auslande einzuführen, feilzuhalten, zu verkaufen oder sonst an

---

Zu § 8. Der Begriff des „erlaubten Zweckes" umfaßt jede Verwendung von Sprengstoffen, bei der die im § 5 vorausgesetzte verbrecherische Absicht erweislich nicht vorhanden ist; es kommt daher nicht darauf an, ob die Handlung, zu welcher das Dynamit verwendet werden sollte oder verwendet ist, sonst mit Strafe bedroht ist, so z. B. unberechtigtes Fischen unter Anwendung von Dynamit [Str.G.B. § 296] (25. 11. 84) 11, 263 VI, 762; (23 10. 85) VII, 611; (22. 1. 86) 13, 305 VIII, 86; (2. 1. 88) X, 3; [ctr. (18. 6. 85) VII, 407].

Der Ausdruck „Zweck" ist von dem schließlichen Gebrauch des Sprengstoffes durch Verbrauch zu verstehen. Daß dieser Zweck ein erlaubter ist, muß zur Abwendung der Strafe festgestellt sein (22. 11. 87) IX, 632.

Zu § 9. Die Bestimmung ist lediglich präventiver Natur; sie erfordert im Gegensatz zu §§ 7 u. 8 nicht, daß ein verbrecherischer und gemeingefährlicher Gebrauch der Sprengstoffe — nachweislich oder vermuthlich — beabsichtigt sei (25. 6 86) 14, 232; (10. 4. 88) 17, 278.

Als „Unternehmen" sind nicht schon alle von dem Anfang der Verwirklichung der That noch so entfernten Bekundungen einer darauf gerichteten Absicht aufzufassen; diese Absicht muß sich

Andere zu überlassen, oder wer im Besitze derartiger Stoffe betroffen wird, ohne polizeiliche Erlaubniß hierzu

---

irgendwie durch eine in die äußere Erscheinung getretene Handlung bethätigt haben (9. 6. 85) VII, 365; (19. 3. 88) 17, 259.

Der Begriff „Ueberlassen" umfaßt nicht blos die Veräußerung, sondern überhaupt jede Einräumung thatsächlicher Verfügungsgewalt über Sprengstoffe (16. 9. 86) VIII, 538; (19. 3. 88) 17, 258; er setzt weder ein gewerbs- noch ein gewohnheitsmäßiges Handeln, auch nicht eine Hingabe gegen Aequivalent voraus (25. 6. 86) 14, 231.

„Im Besitze betroffen werden" bedeutet nichts anderes, als „im Besitze haben" (§§ 7 u. 8). Aus dem abweichenden Ausdruck ist keineswegs für § 9 als besonderes Thatbestandsmoment herzuleiten, daß das Besitzverhältnis seitens eines Anderen wahrgenommen worden ist (30. 10. 85) 13, 35 VII, 628; (16. 11. 85) 13, 48 VII, 667. — Der Thatbestand ist mit dem Augenblicke der Besitzergreifung erfüllt, ohne daß es einer weiteren Thätigkeit oder eines weiteren Zeitablaufs bedarf. — Bei Besitzergreifung durch Diebstahl Idealkonkurrenz (8. 12. 85) 13, 145.

Auf die Menge des im Besitze befindlichen Sprengstoffes kommt es nicht an. Der Besitz von Zündhütchen zu Dynamitpatronen fällt, obwohl sie nur zur Entzündung eines Sprengstoffes, nicht aber zum Sprengen selbst geeignet sind, unter die Strafbestimmung, da sie einen sehr starken Sprengstoff, Knallquecksilber, enthalten (10. 4. 88) 17, 278.

Der Besitz von Sprengstoffen muß auch hier, wie in § 8 ein wissentlicher sein (vgl. Anm. zu §§ 7—9). Im Uebrigen wird für den subjektiven Thatbestand keineswegs erfordert, daß der Besitzer es vorsätzlich unterlassen hat, die polizeiliche Genehmigung zum Besitze einzuholen (16. 11. 85) 13, 47 VII, 668; es genügt vielmehr das Bewußtsein desselben, keine polizeiliche Genehmigung zu besitzen (30 10. 85) 13, 35 VII, 628; (9. 11. 85) VII, 650. Die Strafbarkeit wird nicht beseitigt durch den irrigen

nachweisen zu können, ist mit Gefängniß von drei Monaten bis zu zwei Jahren zu bestrafen.

Gleicher Strafe verfällt, wer die Vorschriften des §. 1 Absatz 2, die von den Zentralbehörden in Gemäßheit des §. 2 getroffenen Anordnungen oder die bereits bestehenden oder noch zu erlassenden sonstigen polizeilichen

---

Glauben des Besitzers, daß ein Anderer die erforderliche Erlaubniß für ihn erwirkt habe [dolus eventualis] (16. 11. 85) 13, 47 VII, 666. — Dagegen kommt Irrthum über Sinn und Inhalt der polizeilichen Genehmigung oder über die Zuständigkeit der dieselbe ertheilenden Polizeibeamten gemäß Str.G.B. § 59 strafausschließend in Betracht; nicht aber der lediglich das Strafgesetz selbst [bezw. eine auf Grund desselben erlassene Ausführungsverordnung] betreffende Irrthum über die Nothwendigkeit solcher Genehmigung (1. 10. 85) 12, 398; (13. 10. 85) 12, 431 VII, 579; (15. 10. 85) 13, 25 VII, 586; (30. 10. 85) 13, 35 VII, 628; (9. 11. 85) VII, 649.

Die polizeiliche Genehmigung schützt nur im Bezirke derjenigen Polizeibehörde, welche sie ertheilt hat (15. 10. 85) 13, 25 VII, 583; und ebenso nur vom Augenblicke der Ertheilung an, befreit also für die vorausgegangene Zeit nicht von Strafe. [Der Angeklagte hatte die polizeiliche Genehmigung zum Besitze von Sprengstoffen nachgesucht, demnächst in der sicheren Voraussetzung, dieselbe zu erhalten, vor ihrer Ertheilung sich in den Besitz von Dynamit gesetzt und selbst der Polizeibehörde davon Kenntniß gegeben] (30. 10. 85) 13, 35 (38) VII, 629 (631).

Zu § 9, Abs. 2. Unter „Verkehr mit Sprengstoffen" ist die Herstellung, der Vertrieb und Besitz, sowie die Einführung aus dem Auslande (§ 1) zu verstehen; alle Handlungen, welche sich auf eine dieser Verkehrsarten beziehen; z. B. der Transport, fallen darunter (15. 10. 85) 13, 26 VII, 587; (4. 2. 87) 15, 245; (29. 11. 87) IX, 682 [hier werden alle diejenigen Handlungen unter dem Begriff verstanden, welche sich mit der Behandlung des Sprengstoffes beschäftigen]. Polizeiverordnungen, welche Anord-

Bestimmungen über den Verkehr mit Sprengstoffen, auf welche §. 1 Absatz 1 Anwendung findet, übertritt.

§ 10. [S.] Wer öffentlich vor einer Menschenmenge oder wer durch Verbreitung oder öffentlichen Anschlag oder öffentliche Ausstellung von Schriften oder anderen Darstellungen, oder wer in Schriften oder anderen Darstellungen zur Begehung einer der in den §§. 5 und 6 bezeichneten strafbaren Handlungen oder zur Theilnahme an denselben auffordert, wird mit Zuchthaus bestraft.

---

nungen treffen über die Anschaffung, die Aufbewahrung, den Transport, die Verausgabung und die Verwendung von Sprengstoffen, gehören zu den polizeilichen Bestimmungen im Sinne des Abs. 2. Dies gilt auch von Bergpolizeiverordnungen (29. 11. 87) IX, 681.

Unter den „sonstigen polizeilichen Bestimmungen" sind nur allgemeine, auf den Verkehr mit Sprengstoffen bezügliche, polizeiliche Verordnungen zu verstehen, nicht die im einzelnen Falle dem die polizeiliche Genehmigung Nachsuchenden von der genehmigenden Polizeibehörde in Bezug auf die Anschaffung und Verwendung des Sprengstoffes etwa auferlegten besonderen Verpflichtungen (16. 9. 86) VIII, 539. Wenn jedoch eine bestehende Polizeiverordnung für gewisse Fälle die Beobachtung speziell zu erlassender polizeilicher Anordnungen, z. B. der bei Ertheilung der Konzession gesetzten Bedingungen, ausdrücklich vorschreibt, so fällt auch die Zuwiderhandlung gegen diese Anordnungen unter die Strafbestimmung (14. 1. 87) 15, 207.

Da die Uebertretung der in Frage kommenden Polizeiverordnungen sich als Vergehen gegen das Sprengstoffgesetz kennzeichnet, ist die Beihülfe zu einer solchen Uebertretung nach Str.G.B. § 49 strafbar (25. 2. 90) 20, 275.

Zu § 10. Verbreitung einer Schrift ist diejenige Thätigkeit, durch welche sie aus dem engen Kreise der Verfassers, Verlegers,

Gleiche Strafe trifft denjenigen, welcher auf die vorbezeichnete Weise zur Begehung der im Absatz 1 gedachten strafbaren Handlungen insbesondere dadurch anreizt oder verleitet, daß er dieselben anpreist oder als etwas Rühmliches darstellt.

§ 11. In den Fällen der §§. 5, 6, 7, 8 und 10 kann auf Zulässigkeit von Polizeiaufsicht erkannt werden. In den Fällen der §§. 5, 6, 7, 8 und in dem Falle einer Anwendung der Strafvorschriften des §. 9 ist auf Einziehung der zur Zubereitung der Sprengstoffe gebrauchten oder bestimmten Gegenstände, sowie der im Besitze des Verurtheilten vorgefundenen Vorräthe von

---

Druckers u. s. w., in welchem sie sich zuerst befindet, heraus in einen größeren, wenn auch nach Zahl und Individualität bestimmten Personenkreis gebracht und diesem zugänglich gemacht wird. Dazu reicht allerdings nicht die blos vertrauliche Mittheilung der Schrift an Andere, wohl aber die Zustellung oder Mittheilung auch nur an eine Person dann aus, wenn dabei die Absicht des Uebergebenden vorgelegen hat, daß der Empfänger die Druckschrift durch Weitergabe auch einem größeren Personenkreise zugänglich mache. — Auch die begonnene Verbreitung ist Verbreitung; wenn dieselbe durch Versendung mit der Post erfolgt, vollzieht sie sich mit der Aufgabe zur Post (10. 10. 87) IX, 490.

Das Thatbestandsmerkmal der Oeffentlichkeit wird durch die Verbreitung allein nur dann hergestellt, wenn sie geeignet ist, die Schrift nicht blos einem größeren Personenkreise, sondern unbestimmt wem und wie vielen Personen, d. h. dem Publikum — wenn auch nur dem Publikum einer bestimmten Klasse — zugänglich zu machen, und dahin auch die Absicht des Thäters geht (10. 10. 87) IX, 490.

Sprengstoffen zu erkennen, ohne Unterschied, ob dieselben dem Verurtheilten gehören oder nicht.

§ **12.** Die Bestimmungen im §. 4 Absatz 2 Nr. 1 des Strafgesetzbuchs für das Deutsche Reich finden auch auf die in den §§. 5, 6, 7, 8 und 10 dieses Gesetzes vorgesehenen Verbrechen Anwendung.

§ **13.** [L.] Der in dem §. 139 des Strafgesetzbuchs für das Deutsche Reich angedrohten Strafe verfällt, wer von dem Vorhaben eines im §. 5 vorgesehenen Verbrechens oder von einer im §. 6 vorgesehenen Verabredung oder von dem Thatbestande eines im §. 7 des gegenwärtigen Gesetzes unter Strafe gestellten Verbrechens in glaubhafter Weise Kenntniß erhält und es unterläßt, der durch das Verbrechen bedrohten Person oder der Behörde rechtzeitig Anzeige zu machen.

§ **14.** Die §§. 1, 2, 3, 4, 9 dieses Gesetzes treten drei Monate nach dessen Verkündigung, die übrigen Bestimmungen desselben mit dem Tage der Verkündigung in Kraft.

§ **15.** — — —

Gesetz über den Feingehalt der Gold- und Silberwaaren.

Vom 16. Juli 1884.

(R.G.Bl. S. 120.)

§ **1.** Gold- und Silberwaaren dürfen zu jedem Feingehalte angefertigt und feilgehalten werden. Die

Angabe des Feingehalts auf denselben ist nur nach Maßgabe der folgenden Bestimmungen gestattet.

§ 2. Auf goldenen Geräthen darf der Feingehalt nur in 585 oder mehr Tausendtheilen, auf silbernen Geräthen nur in 800 oder mehr Tausendtheilen angegeben werden.

Der wirkliche Feingehalt darf weder im Ganzen der Waare noch auch in deren einzelnen Bestandtheilen bei goldenen Geräthen mehr als fünf, bei silbernen Geräthen mehr als acht Tausendtheile unter dem angegebenen Feingehalte bleiben. Vorbehaltlich dieser Abweichung muß der Gegenstand im Ganzen und mit der Löthung eingeschmolzen den angegebenen Feingehalt haben.

§ 3. Die Angabe des Feingehalts auf goldenen und silbernen Geräthen geschieht durch ein Stempelzeichen, welches die Zahl der Tausendtheile und die Firma des Geschäfts, für welches die Stempelung bewirkt ist, kenntlich macht. Die Form des Stempelzeichens wird durch den Bundesrath bestimmt.*)

*) Bekanntmachung vom 7. Januar 1886.
(R.G.Bl. S. 1.)

Das Stempelzeichen für die Gold- und Silbergeräthe muß enthalten:

1. die Reichs-Krone,
2. das Sonnenzeichen ⊙ für Gold oder das Mondsichelzeichen ☾ für Silber,
3. die Angabe des Feingehalts in Tausendtheilen und
4. die Firma oder die in Gemäßheit des Gesetzes vom 30. November 1874 eingetragene Schutzmarke des Geschäfts, für welches die Stempelung bewirkt ist.

Die Krone muß
bei Goldgeräthen in dem Sonnenzeichen ⨀,
bei Silbergeräthen rechts neben dem Mondsichelzeichen ☾
sich befinden.

§ 4. Goldene und silberne Uhrgehäuse unterliegen den Bestimmungen der §§. 2 und 3.

§ 5. Schmucksachen von Gold und Silber dürfen in jedem Feingehalte gestempelt werden und ist in diesem Falle der letztere in Tausendtheilen anzugeben.

Die Fehlergrenze darf zehn Tausendtheile nicht überschreiten, wenn der Gegenstand im Ganzen eingeschmolzen wird.

Das vom Bundesrath gemäß §. 3 bestimmte Stempelzeichen darf auf Schmucksachen von Gold und Silber nicht angebracht werden.

§ 6. Aus dem Auslande eingeführte Gold- und Silberwaaren, deren Feingehalt durch eine diesem Gesetze nicht entsprechende Bezeichnung angegeben ist, dürfen nur dann feilgehalten werden, wenn sie außerdem mit einem Stempelzeichen nach Maßgabe dieses Gesetzes versehen sind.

§ 7. Für die Richtigkeit des angegebenen Feingehalts haftet der Verkäufer der Waare. Ist deren Stempelung im Inlande erfolgt, so haftet gleich dem

---

Zu § 4. Uhrgehäuse mit Vorder- und Hinterdeckel: ein Geräth; deshalb auch nur die Stempelung eines Deckels, als das ganze Geräth erfassend, erforderlich (25. 1. 89) 18, 376.

Verkäufer der Inhaber des Geschäfts, für welches die Stempelung erfolgt ist.

§ 8. Auf Gold- und Silberwaaren, welche mit anderen metallischen Stoffen ausgefüllt sind, darf der Feingehalt nicht angegeben werden.

Dasselbe gilt von Gold- und Silberwaaren, mit welchen aus anderen Metallen bestehende Verstärkungsvorrichtungen metallisch verbunden sind.

Bei Ermittelung des Feingehalts bleiben alle von dem zu stempelnden Metalle verschiedenen, äußerlich als solche erkennbaren Metalle außer Betracht, welche:

1. zur Verzierung der Waare dienen;
2. zur Herstellung mechanischer Vorrichtungen erforderlich sind;
3. als Verstärkungsvorrichtungen ohne metallische Verbindung sich darstellen.

§ 9. [L. A.] Mit Geldstrafe bis zu eintausend Mark oder mit Gefängniß bis zu sechs Monaten wird bestraft:

1. wer Gold- oder Silberwaaren, welche nach diesem Gesetze mit einer Angabe des Feingehalts nicht versehen sein dürfen, mit einer solchen Angabe versieht;
2. wer Gold- oder Silberwaaren, welche nach diesem Gesetze mit einer Angabe des Feingehalts versehen sein dürfen, mit einer anderen, als der nach diesem Gesetze zulässigen Feingehaltsangabe versieht;
3. wer gold- oder silberähnliche Waaren mit einem

durch dieses Gesetz vorgesehenen Stempelzeichen oder mit einem Stempelzeichen versieht, welches nach diesem Gesetze als Feingehaltsbezeichnung für Gold- und Silberwaaren nicht zulässig ist;

4. wer Waaren feilhält, welche mit einer gegen die Bestimmungen dieses Gesetzes verstoßenden Bezeichnung versehen sind.

Mit der Verurtheilung ist zugleich auf Vernichtung der gesetzwidrigen Bezeichnung oder, wenn diese in anderer Weise nicht möglich ist, auf Zerstörung der Waaren zu erkennen.

§ 10. Dieses Gesetz tritt am 1. Januar 1888 in Kraft. An demselben Tage treten alle landesrechtlichen Bestimmungen über den Feingehalt der Gold- und Silberwaaren außer Geltung.

Gesetz, betreffend den Verkehr mit Ersatzmitteln für Butter.

Vom 12. Juli 1887.

(R.G.Bl. S. 375.)

§ 1. Die Geschäftsräume und sonstigen Verkaufsstellen einschließlich der Marktstände, in welchen Margarine gewerbsmäßig verkauft oder feilgehalten wird,

---

Das Gesetz bezieht sich nicht nur auf das gewöhnlich als Butter bezeichnete Produkt aus Kuhmilch, sondern auch auf Butter

müssen an in die Augen fallender Stelle die deutliche, nicht verwischbare Inschrift: „Verkauf von Margarine" tragen.

Margarine im Sinne dieses Gesetzes sind diejenigen, der Milchbutter ähnlichen Zubereitungen, deren Fettgehalt nicht ausschließlich der Milch entstammt.

§ 2. Die Vermischung von Butter mit Margarine oder anderen Speisefetten zum Zweck des Handels mit diesen Mischungen, sowie das gewerbsmäßige Verkaufen und Feilhalten derselben ist verboten.

Unter diese Bestimmung fällt nicht der Zusatz von Butterfett, welcher aus der Verwendung von Milch oder Rahm bei der Herstellung von Margarine herrührt, sofern nicht mehr als 100 Gewichtstheile Milch oder 10 Gewichtstheile Rahm auf 100 Gewichtstheile der nicht der Milch entstammenden Fette in Anwendung kommen.

§ 3. Die Gefäße und äußeren Umhüllungen, in welchen Margarine gewerbsmäßig verkauft oder feilgehalten wird, müssen an in die Augen fallenden Stellen eine deutliche nicht verwischbare Inschrift tragen, welche die Bezeichnung „Margarine" enthält.

Wird Margarine in ganzen Gebinden oder Kisten gewerbsmäßig verkauft oder feilgehalten, so hat die Inschrift außerdem den Namen oder die Firma des Fabrikanten zu enthalten.

---

in dem gereinigten Zustande, in welchem sie in einzelnen Gegenden Deutschlands [z. B. in Bayern] als Schmalz, Rindschmalz, Kuhschmalz rc. bezeichnet wird (28. 10. 89) 20, 14.

Im gewerbsmäßigen Einzelverkauf muß Margarine an den Käufer in einer Umhüllung abgegeben werden, welche eine die Bezeichnung „Margarine" und den Namen oder die Firma des Verkäufers enthaltende Inschrift trägt. Wird Margarine in regelmäßig geformten Stücken gewerbsmäßig verkauft oder feilgehalten, so müssen dieselben von Würfelform sein, auch muß denselben die vorbezeichnete Inschrift eingedrückt sein, sofern sie nicht mit einer diese Inschrift tragenden Umhüllung versehen sind.

Der Bundesrath ist ermächtigt, zur Ausführung der im Absatz 1 bis 3 enthaltenen Vorschriften nähere, im Reichs-Gesetzblatt zu veröffentlichende Bestimmungen zu erlassen.

§ 4. Die Vorschriften dieses Gesetzes finden auf solche Erzeugnisse der im §. 1 bezeichneten Art, welche zum Genusse für Menschen nicht bestimmt sind, keine Anwendung.

§ 5. [A.] Zuwiderhandlungen gegen die Vorschriften dieses Gesetzes, sowie gegen die in Gemäßheit des §. 3 zu erlassenden Bestimmungen des Bundesraths werden mit Geldstrafe bis zu einhundertundfünfzig Mark oder mit Haft bestraft.

Im Wiederholungsfalle ist auf Geldstrafe bis zu sechshundert Mark, oder auf Haft, oder auf Gefängniß bis zu drei Monaten zu erkennen. Diese Bestimmung findet keine Anwendung, wenn seit dem Zeitpunkte, in welchem die für die frühere Zuwiderhandlung erkannte

Strafe verbüßt oder erlassen ist, drei Jahre verflossen sind.

Neben der Strafe kann auf Einziehung der diesen Vorschriften zuwider verkauften oder feilgehaltenen Gegenstände erkannt werden, ohne Unterschied, ob sie dem Verurtheilten gehören oder nicht.

Ist die Verfolgung oder Verurtheilung einer bestimmten Person nicht ausführbar, so kann auf die Einziehung selbständig erkannt werden.

§ 6. Die Vorschriften des Gesetzes, betreffend den Verkehr mit Nahrungsmitteln, Genußmitteln und Gebrauchsgegenständen, vom 14. Mai 1879 (Reichs-Gesetzbl. S. 145) bleiben unberührt. Die Vorschriften in den §§. 16, 17 desselben finden auch bei Zuwiderhandlungen gegen die Vorschriften des gegenwärtigen Gesetzes Anwendung.

§ 7. — — —

Zu § 6. Margarine kann als „nachgemachte Milchbutter" bezeichnet werden (25. 3. 89) 19, 152.

Berichtigung.

Gesetz über die Presse.

(S. 79.) **Zu § 3** [Z. 4 lies statt „§ 19 des Sozialistengesetzes":] § 10 des Sprengstoffgesetzes (S. 201).

Ergänzungen

aus den „Entscheidungen des Reichsgerichts in Strafsachen", 20. Band, 1. und 2. Heft, soweit sie nicht noch bei der Bearbeitung der Anmerkungen Berücksichtigung finden konnten.

Gewerbeordnung.

(S. 9.) **Zu § 105, Abs. 2.** Außer dieser Bestimmung und dem Verbot der Beschäftigung jugendlicher Arbeiter an Sonn- und Festtagen (§ 136, Abs. 3) enthält die Gewerbeordnung keine Beschränkung der Sonntagsarbeit. Die Regelung der Sonntagsfeier ist im Weiteren Sache der Landesgesetzgebung (30. 10. 89) 20, 81.

(S. 43.) **Zu § 154, Abs. 2.** Bauhof ist nach deutschem Sprachgebrauch ein Zimmerhof, ein umschlossener Platz, auf dem von den Zimmerleuten die Gebäude zugerichtet und die Baugeräthe verwahrt werden. Ein Platz, auf dem gewerbsmäßig Steine als Material zur Errichtung von Gebäuden bearbeitet werden, ist nicht als Bauhof anzusehen (24. 2. 90) 20, 287 (290).

Gesetz, betr. das Urheberrecht an Schriftwerken ꝛc.

(S. 51.) **Zu § 7, b).** [Abs. 4, Z. 5 ist hinter 19,198 nachzutragen:] (10. 12. 89) 20,106.

(S. 55.) **Zu § 18.** Fahrlässigkeit liegt nach allgemeinen Grundsätzen nur dann vor, wenn der Thäter es an der den Umständen nach gebotenen Aufmerksamkeit hat fehlen lassen und wenn er bei Anwendung dieser Aufmerksamkeit die Vorstellung von der rechtsverletzenden Kausalität seines Handelns hätte gewinnen können (24. 1. 90) 20,212.

(S. 79.) Die kurze Verjährungsfrist des Preßgesetzes (§ 22) kommt beim Nachdruck nicht in Frage (30. 1. 90) 20,181.

Gesetz über die Presse.

(S. 82.) **Zu § 6.** Der Verleger ꝛc. muß bei allen zur Verbreitung bestimmten Druckschriften angegeben werden. Daß die Verbreitung eine gewerbsmäßige sei, ist nicht gefordert (3. 12. 89) 20,63.

Der Name bezw. die Firma muß genannt werden; eine andere Bezeichnung, z. B. „das Komitee" genügt nicht (3. 12. 89) 20,63.

(S. 82.) **Zu § 6, Abs. 2.** Nur dem regelmäßigen geschäftlichen Leben dienende Druckschriften fallen unter Abs. 2 (3. 12. 89) 20,63.

(S. 95.) **Zu § 22.** Das Vergehen des Nachdrucks ꝛc., welches nicht erst durch die Verbreitung begangen wird, sondern bereits mit der Herstellung der Nachdrucksexemplare vollendet ist, unterliegt nicht der kurzen Verjährung (30. 1. 90) 20,181.

Gesetz über Markenschutz.

(S. 100.) **Zu § 3, Abs. 2.** Bei zusammengesetzten Waarenzeichen, d. h. solchen, welche in einer Verbindung von figürlichen Elementen mit Zahlen, Buchstaben oder Worten bestehen, ist es unerheblich, ob diese Verbindung nur eine lose genannt werden kann oder nicht, wenn nur nicht der Eindruck hervorgerufen wird, daß nicht sowohl ein einziges, sondern mehrere Waarenzeichen vorliegen. Bei der Feststellung, ob eine widerrechtliche Nachahmung vorliege, muß geprüft werden: nicht, ob das Bild für sich allein betrachtet täuschend nachgeahmt sei, sondern ob bei gleichmäßiger Inbetrachtnahme sowohl des figürlichen Bestandtheiles, als der sonstigen Elemente der dargebotenen Gesammterscheinung nach eine zu Verwechselungen führende Nachahmung vorliege (7. 10. 89) 20, 78.

(S. 105.) **Zu § 14.** [Abs. 6 am Schluß anzufügen:] (12. 12. 89) 20, 112.

Gesetz, betr. das Urheberrecht an Mustern und Modellen.

(S. 150.) **Zu § 14.** [Z. 5 ist hinter 9,422 nachzutragen:] Gesetzliche Verpflichtung zu einer solchen Erkundigung besteht nicht; und nur dann kann in dem bloßen Unterlassen derselben ein schuldhaftes Verhalten liegen, wenn besondere Umstände den Nachbildner darauf hinwiesen, daß ein geschütztes Muster vorliegen könne und Erkundigungen geboten seien (24. 1. 90) 20, 212.

Sachregister.

Druck von Leonhard Simion in Berlin SW.

FSC
www.fsc.org
MIX
Papier | Fördert gute Waldnutzung
FSC® C083411

Kolibri 360 GmbH
Ferdinand-Jühlke-Straße 7
99095 Erfurt, Deutschland
produktsicherheit@kolibri360.de